Georges LEBOUC

Les 100 pièges
de l'espagnol

Les dessins sont de **Pascale Vandevyvere.**

© 1992, **Marabout,** Alleur (Belgique).

Pour Philippe

SOMMAIRE

En fin de volume, un index grammatical
renvoie aux numéros des pièges.

INTRODUCTION

Le touriste qui s'aventure en Espagne ou dans un pays de langue espagnole s'imagine que ces pays — ou leurs habitants — lui tendront des pièges de toute nature.

Les guides touristiques l'engagent à se méfier des moustiques, des coups de soleil, de la «tourista» et autres inconvénients propres aux pays chauds.

Et tous ces guides oublient les pièges majeurs: ceux que peut receler une langue, même quand on en possède les rudiments!

S'il est assez facile de comprendre des expressions comme **No sabe a qué santo encomendarse** *(il ne sait à quel saint se vouer)*, que peut bien signifier pour le non-initié **Hacer novillos?** Faire les jeunes taureaux? Non! puisque l'expression signifie *faire l'école buissonnière!*

Nous avons donc introduit, chaque fois que la chose était possible, les expressions espagnoles les plus comiques dans la mesure où elles différaient tout à fait du français.

Quel étranger, souffrant d'une constipation tenace, n'est entré dans une pharmacie en affirmant qu'il était «constipado» et a reçu, à son grand étonnement, un remède contre le rhume, puisque «constipado» signifie enrhumé en espagnol!

On n'en finirait pas d'énoncer tous ces «faux amis» qui ressemblent au français, mais qui ont une tout autre signification en espagnol. Eux aussi, nous les avons introduits dans nos chapitres, à la fois pour vous divertir et vous mettre en garde.

Si les pièges linguistiques ne tenaient qu'au vocabulaire, une bonne liste de faux amis et d'expressions idiomatiques suffirait à tirer notre touriste d'embarras. Hélas pour lui, la grammaire se met aussi de la partie pour ouvrir des pièges béants sous ses pieds incertains.

Qu'il dise « Si era posible... » au lieu de « Si fuera posible » et il se fera immédiatement repérer comme *extranjero*.

Qu'il parle de « Señor el director » au lieu de « El señor director » et tous les hispanophones auront compris que notre pauvre touriste est français, belge, suisse ou canadien !

Le but de ce petit livre sera donc de mettre le francophone en garde contre les pièges les plus « célèbres » de la langue espagnole.

Nous avons voulu, avant tout, être « pratique ». Puisque nous nous adressons à des francophones, les difficultés sont toujours répertoriées dans le sens du thème. La plupart des grammaires espagnoles mêlent en effet trop souvent les difficultés de la traduction à celles qui sont propres à l'espagnol, comme la différence entre **por** et **para** ou entre **ser** et **estar**.

En Espagne, le francophone voudra surtout savoir comment on traduit *pour* ou *être !* C'est pourquoi les *Cent pièges* sont suivis d'un index analytique qui reprend la plupart des mots français qui posent des problèmes de traduction.

Bien sûr, ce livre ne s'adresse pas à des débutants intégraux. Ceux qui veulent apprendre les bases de la langue auront intérêt à étudier au préalable *Quinze minutes par jour pour apprendre l'espagnol* publié aux Editions Marabout et se référeront utilement à la

Grammaire facile de l'espagnol également publiée chez Marabout.

Notre livre s'adresse à tous ceux qui ont déjà fourni cet effort — dont ils ont certainement été récompensés par un contact direct avec les Espagnols. Il s'adresse aussi aux étudiants qui doivent chercher la traduction d'une expression, d'une tournure grammaticale qui leur pose problème. Il rendra peut-être des services à des Espagnols de la «deuxième génération», nés hors d'Espagne, et qui parlent parfois l'espagnol comme des Français !

Les 100 pièges de l'espagnol ont été écrits pour tous ceux qui voudraient revoir les notions acquises, éviter de tomber dans les pièges les plus grossiers, pratiquer leurs connaissances.

Si nous leur avons rendu ces services, nos efforts auront été largement récompensés.

Je profite de cette brève introduction pour adresser tous mes remerciements à Ana Verougstraete-Ramírez qui a bien voulu relire mon manuscrit et m'a fait maintes suggestions pour l'améliorer.

COMMENT UTILISER CE GUIDE?

Comme ce livre ne s'adresse pas à des débutants, nous avons rappelé les règles essentielles de prononciation de façon très sommaire.

Pour plus de détails sur ce point précis, on consultera *Quinze minutes par jour pour apprendre l'espagnol* ou la *Grammaire facile de l'espagnol* publiés aux Editions Marabout.

Les cent pièges de l'espagnol que l'on trouvera ci-après ont toujours été envisagés dans le sens français-espagnol, c'est-à-dire dans le sens du thème.

Les formes incorrectes ou reconstituées sont précédées de *.

On trouvera, à la fin de l'ouvrage, l'ensemble des difficultés rassemblées dans l'index grammatical qui mêle les problèmes espagnols et les problèmes français.

Tout ce qui a trait à l'espagnol se trouve **en grasses,** tout ce qui est relatif au français est écrit *en italiques*.

Un petit encadré attire l'attention du lecteur sur un point grammatical précis.

Des exemples corrects illustrent la difficulté abordée dans des phrases tirées de la vie quotidienne la plus actuelle.

Des explications claires montrent les différences de structure entre l'espagnol et le français.

La plupart des chapitres sont suivis des expressions idiomatiques et des faux amis les plus redoutables, avec leur vrai sens français et les expressions ou les mots espagnols avec lesquels on pourrait les confondre.

PLAN

PRONONCIATION ESPAGNOLE

1. Voyelles

Chaque voyelle garde sa valeur

— devant une autre voyelle

Ex. : **Europa** (prononcé é-ou)

— devant n

Ex. : **ángel** (prononcé comme *Anne*).

2. Consonnes

Trois consonnes peuvent être doubles : **c, r** et **n**.

Par conséquent, le **s**, toujours seul, est toujours prononcé comme s'il y en avait deux.

Ex. : **casa** prononcé comme *cassa* fr.

Les **x** devant consonne est prononcé comme le **s**

Ex. : **extraordinario** prononcé estra...

(k) est rendu par les graphies **ca, que, qui, co, cu**

Ex. : **casa, queso** (prononcés comme *case* et *que*)

(g) est rendu par les graphies **ga, gue, gui, go, gu**

Ex. : **gala, Miguel** (prononcé comme dans le fr. *gué* et <u>jamais</u> goué)

(χ) est rendu par les graphies **ja, ge, gi, jo et** ju

Ex. : **proteja, Gibraltar**

Remarques :

— ce son correspond au ch allemand

— on trouve les graphies **je** et **ji** à côté de **ge** et **gi**.

(Θ) est rendu par les graphies **za, ce, ci, zo** et **zu**

Ex. : **Zaragoza, cero** (*Saragosse, zéro*)

Remarques :

— ce son correspond au th anglais

— on peut, théoriquement, trouver les graphies **ze** et **zi** mais elles ne sont pratiquement pas utilisées.

(b) est aussi bien rendu par **b** que par **v**

Ex. : **vasco** = *Basque*

(ñ) est rendu par **ñ** et correspond à *gn* fr.

Ex. : **señor** (*monsieur,* cfr. *seigneur*); **España** (*Espagne*)

Par contre, dans le groupe **gn**, chaque consonne garde sa valeur comme dans le français *agnostique*.

(l mouillé) est rendu par **ll**

Ex. : **llamar** (prononcé ± liamar)

ACCENT TONIQUE

1. L'accent tonique tombe sur l'avant-dernière syllabe si le mot se termine par une voyelle, **n** ou **s**.

Ex. : **casa, cantan, casas**

2. L'accent tonique tombe sur la dernière syllabe si le mot se termine par une consonne, sauf **n** ou **s**.

Ex. : **multitud**

3. Toute exception à ces deux règles exige de marquer l'accent écrit (toujours aigu).

— Exceptions à la règle 1 : mots terminés par voyelle, **n** ou **s** accentués sur la dernière syllabe.

Ex. : **jabalí, jardín, jamás**

— Exception à la règle 2 : mots terminés par une consonne mais accentués sur l'avant-dernière syllabe.

Ex. : **árbol**

— Exceptions aux règles 1 et 2 : tout mot portant l'accent sur l'avant-avant-dernière syllabe doit porter l'accent écrit.

Ex. : **médico**

Remarques :

a) L'accent reste toujours sur la même voyelle, que le mot soit au singulier ou au pluriel. Ceci peut entraîner des apparitions tout comme des disparitions d'accent écrit.

Ex. : **jardín** > **jardines** (« disparition » d'accent écrit)
crimen > **crímenes** (« apparition » d'accent écrit)

b) Seuls les mots **régimen** et **carácter** font exception à cette règle. Leur pluriel est **regímenes** et **caracteres**.

c) Les mots composés sont toujours accentués sur le dernier élément. Cela pourra entraîner l'apparition d'accent sur des mots qui n'étaient pas accentués au départ.

Ex. : **balón, pie** mais **balompié**

d) On ne trouve d'accent sur l'avant-avant-avant-dernière syllabe que dans des cas de formes verbales suivies de pronoms.

Ex. : **indícamelo**

On trouvera aussi cet accent à cet endroit dans le cas d'adverbes de manière formés sur des adjectifs portant l'accent écrit.

Ex. : **fácilmente** (parce que **fácil** porte déjà l'accent que l'on conserve lors de la formation de l'adverbe).

ACCCENT TONIQUE SUR LES DIPHTONGUES

On établit une différence entre **a, e** et **o** appelées voyelles fortes et **i** et **u**, appelées voyelles faibles. Le **y** jouera le même rôle que le **i** lorsqu'il le remplace.

I. Voyelle faible et voyelle forte ou vice-versa

1. L'accent tonique tombe au « bon endroit » : on n'écrit pas l'accent si la diphtongue est accentuée sur la voyelle forte.

Ex. : **aire**; le mot se termine par une voyelle, l'accent tombe sur l'avant-dernière syllabe et, dans cette syllabe, le **a** qui est la forte est plus audible que le **i**. On n'écrit pas l'accent.

2. L'accent tonique ne tombe pas au « bon endroit » : on écrit l'accent sur la voyelle accentuée.

Ex. : **nación**; le mot se terminant par **n,** devrait être accentué sur l'avant-dernière syllabe. Comme ce n'est pas le cas, on écrit l'accent là où il tombe réellement, ici, sur la voyelle forte.

3. L'accent tonique tombe sur la voyelle faible d'une diphtongue : celle-ci doit porter l'accent.

Ex. : **comía**; mot terminé par une voyelle, devrait être accentué sur l'avant-dernière syllabe (**o**) mais comme il tombe sur le **i** de la diphtongue **ia**, ce **i** doit porter l'accent écrit.

II. Deux voyelles faibles

La voix porte toujours sur la deuxième mais l'accent tonique garde évidemment la place qu'il doit occuper.

Ex. : **ruido** : l'accent porte sur le **i**
ciudad : on entend plus le **u** que le **i** mais l'accent tonique tombe évidemment sur le **a**.

III. Deux voyelles fortes

Elles ne constituent jamais de diphtongues. Chacune garde son individualité.

Ex. : **Bilbao**; le mot se termine par une voyelle, l'accent tonique porte sur l'avant-dernière syllabe, c'est-à-dire sur le **a**.

ACCENT TONIQUE SUR LES TRIPHTONGUES

---

1. L'accent tonique tombe sur la voyelle médiane

Ex. : **buey**

2. Si la première voyelle (faible) porte l'accent, il sera toujours écrit (cas de l'imparfait de l'indicatif des verbes des deuxième et troisième conjugaisons).

Ex. : **vivíais**

Il n'y a pas triphtongue à proprement parler dans ce cas. On obtient un groupe formé d'une voyelle suivie d'une diphtongue.

ACCENT GRAMMATICAL

Tout comme en français, on peut trouver un accent écrit qui a pour but de différencier deux homographes (deux mots de même orthographe mais de sens différent). Songez à *la* (article défini) et à *là* (adverbe de lieu).

SANS ACCENT ÉCRIT	AVEC ACCENT ÉCRIT
anden *marchent*	= *qu'ils* **andén** = *quai de gare*
aquel = *ce... là*, adj. dém.	**aquél** = *celui-là*, pron. dém.
aquella = *ce... là*, adj. dém.	**aquélla** = *celle-là*, pron. dém.
aquellas = *ces... là*, adj. dém.	**aquéllas** = *celles-là*, pron. dém.
aquellos = *ces... là*, adj. dém.	**aquéllos** = *ceux-là*, pron. dém.
arteria = *artère*	**artería** = *ruse, adresse*
aun = *même*	**aún** = *encore*, devant ou derrière le verbe
calculo = *je calcule*	**cálculo** = *le calcul*
calle = *la rue*	**callé** = *je me tus*
celebre = *que je célèbre*	**célebre** = *célèbre*
circulo = *je circule*	**círculo** = *cercle*
como = *comme, je mange*	**¿cómo?** = *comment?*
cual = *quel*	**¿cuál?** = *quel?*
cuales = *quels*	**¿cuáles?** = *quels?*
cuando = *quand*	**¿cuándo?** = *quand?*
cuanto = *tout ce que, tant*	**¿cuánto?** = *combien?*
de = *de*, préposition	**dé** = *que je donne, qu'il donne*
donde = *(là) où*	**¿dónde?** = *où?*
ejercito = *j'exerce*	**ejército** = *l'armée*
el = *le*, article	**él** = *il, lui*, pronom
esa = *cette... là.* adj. dém.	**ésa** = *celle-là*, pron. dém.
esas = *ces... là*, adj. dém.	**ésas** = *celles-là*, pronom dém.
ese = *ce... là*, adj. dém.	**ése** = *celui-là*, pron. dém.
esos = *ces... là*, adj. dém.	**ésos** = *ceux-là*, pron. dém.
esta = *ce... ci*, adj. dém.	**ésta** = *celle-ci*, pron. dém.
	estó = *il ou elle est*
estas = *ces... ci*, adj. dém.	**éstas** = *celles-ci*, pron. dém.
	estás = *tu es*
este = *ce... ci*, adj. dém.	**éste** = *celui-ci*, pron. dém. = *que je sois, qu'il soit*

estímulo = *je stimule*	**estímulo** = *stimulus*
estos = *ces... ci*, adj. dém.	**éstos** = *ceux-ci*, pron. dém.
habito = *j'habite*	**hábito** = *habitude, habit*
hacia = *vers* (préposition)	**hacía** = *je faisais, il faisait*
he = *j'ai*	**¡hé!** = *hé!*, interjection
leones = *des lions*	**leonés** = *habitant du Léon*
limite = *que je limite*	**límite** = *limite*
mas = *mais*, conjonction	**más** = *plus*, adverbe
mi = *mon*, adj. poss.	**mí** = *moi*, pronom
o = *ou* (bien)	**ó** = *ou*, entre chiffres : 7 ó 8
perdida = *perdue*	**pérdida** = *perte*
piso = *étage*	**pisó** = *il marcha sur*
porque = *parce que*	**¿por qué?** = *pourquoi?*
	el porqué = *le pourquoi*, nom
que = *qui, que*	**¿qué?** = *que? quel? quoi?*
quien = *qui*, pron. rel.	**¿quién?** = *qui?* pron. inter.
quienes = *qui*, pron. rel.	**¿quiénes?** = *qui* pron. inter.
río = *fleuve*	**rió** = *il rit*, passé simple
sabana = *savane*	**sábana** = *drap de lit*
se = *se*, pronom réfléchi	**sé** = *je sais*
si = *si*, conjonction	**sí** = *oui, soi*, pron. réfl.
solo = *seul*, adjectif	**sólo** = *seulement*, adverbe
te = *te*, pronom	**té** = *thé*
termino = *je finis*	**término** = *terme, fin*
tu = *ton*, adj. poss.	**tú** = *tu, toi*, pronom

On ajoutera à cette liste un certain nombre de mots pour lesquels la Real Academia española prévoit deux orthographes et, partant, deux prononciations. Nous indiquons entre parenthèses la prononciation la moins souhaitée.

alvéole	**alveolo (alvéolo)**
ammoniaque	**amoniaco (amoníaco)**
cardiaque	**cardiaco (cardíaco)**
dynamo	**dinamo (dínamo)**
omoplate	**omóplato (omoplato)**
métamorphose	**metamorfosis (métamórfosis)**
olympiade	**olimpiada (olimpíada)**
période	**período (periodo)**
polyglotte	**políglota (poliglota)**
quadrumane	**cuadrumano (cuadrúmano)**
rhumatisme	**reuma (réuma)**
sanscrit	**sánscrito (sanscrito)**
torticolis	**tortícolis (torticolis)**

On ne peut plus écrire *football* que **fútbol**.

MOTS EN -*IE*

Les mots français terminés par -*ie* peuvent correspondre à des mots espagnols en -**ia**, en -**ie** ou en -**ía**.

Mots en -*ie* > -ia

académie	**academia**
anémie	**anemia**
Arabie	**Arabia**
asphyxie	**asfixia**
autopsie	**autopsia**
-céphalie	**-cefalia**
comédie	**comedia**
démocratie	**democracia**
diplomatie	**diplomacia**
encyclopédie	**enciclopedia**
hémorragie	**hemorragia**
hernie	**hernia**
industrie	**industria**
inertie	**inercia**
infamie	**infamia**
Italie	**Italia**
modestie	**modestia**
nostalgie	**nostalgia**
panoplie	**panoplia**
parodie	**parodia**
patrie	**patria**
pénurie	**penuria**
perfidie	**perfidia**
péripétie	**peripecia**
pharmacie	**farmacia**
radioscopie	**radioscopia**
Russie	**Rusia**
stratégie	**estrategia**
tauromachie	**tauromaquia**
tragédie	**tragedia**

Mots en -*ie* = -ie

barbarie	**barbarie**
effigie	**efigie**
intempérie	**intemperie**
série	**serie**
superficie	**superficie**

La plupart des autres mots terminés en français par -*ie* deviennent des mots en **ia** en espagnol.

Mots en -*ie* > -ia

analogie	**analogía**
anarchie	**anarquía**
anatomie	**anatomía**
anthologie	**antología**
artillerie	**artillería**
boucherie	**carnicería**
boulangerie	**panadería**
énergie	**energía**
galerie	**galería**
géographie	**geografía**
harmonie	**armonía**
ironie	**ironía**
manie	**manía**
monotonie	**monotonía**
orgie	**orgía**
télégraphie	**telegrafía**

On notera que *carie* se dit **caries** et que *frénésie* se traduit par **frenesí**.

La Real Academia española a introduit, le 1er septembre 1952, un correctif qui prévoit deux orthographes et, partant, deux prononciations pour un certain nombre de mots en -*ie* français. Nous notons l'orthographe la moins appréciée entre parenthèses.

antinomie	**antinomia (antinomía)**
cartomancie	**cartomancia (cartomancía)**
chiromancie	**quiromancia (quiromancía)**
dysenterie	**disenteria (disentería)**

COUPE SYLLABIQUE

> On coupe les mots espagnols en syllabes comme en français sauf cas où cette coupe entraîne des erreurs de lecture.

1. Une consonne entre deux voyelles

On coupe après la voyelle.

Ex. : **ca/sa**

On procédera ainsi même si le mot est composé de deux éléments aisément dissociables. Ainsi **no/sotros** alors que l'on voit bien que ce mot est un «composé» de **otros**.

Toutefois, les mots préfixés en **sub-** peuvent être coupés soit après le préfixe, soit selon la règle générale.

Ex. : **sub/urbano** ou **su/burbano**

2. Deux ou plus de deux consonnes entre voyelles

On coupe après la première consonne mais le **s** fait toujours partie de la syllabe qui le précède.

Ex. : **ven/cer, des/truir,** mais **cons/truir**

Des raisons «esthétiques» pourront empêcher la coupure dans certains cas comme **ser/vicio** car ils pourraient entraîner des erreurs de lecture : **ser** pouvant être pris pour le verbe *être* et **vicio** pour le mot *vice*!

On se souviendra que **ch, ll** et **rr** sont indissociables en espagnol. On coupera toujours <u>avant</u> ces groupes.

Ex. : **mu/cha/cho, caba/llero, pe/rro**

Par contre, on coupera normalement les autres consonnes doubles **nn** et **cc** : **ac/ción, peren/ne** (éternel)

3. Deux voyelles ou plus

Coupe après la 1re voyelle tonique

Ex. : **viu/da** *(veuve)*

Mais on ne peut séparer ni diphtongues ni triphtongues.

Ex. : **pau/sa, cons/truye/ron**

Un galán galante

Un homme élégant et galant

Piège **7**

5 | DIPHTONGAISON

> Un grand nombre de mots espagnols dont le radical
> contient un **o** ou un **e** diphtonguent en **ue** ou en **ie** si
> l'accent tombe sur le radical.

La diphtongaison, assez rare en français, affecte un très
grand nombre de mots espagnols.

Il faut réunir trois conditions pour que celle-ci se produise : présence d'un **e** ou d'un **o**, dans le radical, sous
l'accent tonique. Si une de ces conditions n'est pas
remplie, la diphtongaison n'a pas lieu.

Ex. : * <u>te</u>rra > **tierra** mais **terrestre** reste **terrestre** parce
que l'accent tonique tombe bien sur un **e** mais
situé hors du radical.

La diphtongaison affecte surtout la conjugaison. Elle
touche onze formes à savoir : indicatif présent au singulier + troisième personne du pluriel; idem au subjonctif
présent + formes dérivées de l'impératif (2ᵉ et 3ᵉ du
singulier et 3ᵉ du pluriel). Voyons **contar** (*raconter*) et
pensar (*penser*) :

Ex. : Indicatif présent : **cuento, cuentas, cuenta, cuentan; pienso, piensas, piensa, piensan.**
Subjonctif présent : **cuente, cuentes, cuente, cuenten; piense, pienses, piense, piensen**
Impératif présent : **cuentes, cuente, cuenten; pienses, piense, piensen.**

Les verbes en **o** appartiennent aux conjugaisons en **-ar**
et **-er** : **contar, volver**

Les verbes en **e** appartiennent aux mêmes conjugaisons : **pensar, perder.**

Certains verbes de la troisième conjugaison, en **-ir** diphtonguent également mais présentent d'autres irrégularités. C'est, par exemple, le cas de **sentir**.

Les verbes composés sur des verbes à diphtongaisons diphtonguent à leur tour mais il n'en ira pas toujours ainsi.

DIPHTONGUENT	NE DIPHTONGUENT PAS
Hender *(fendre)*	**Ofender** *(offenser)*
Pensar *(penser)*	**compensar** *(compenser)*
	recompensar *(récompenser)*
Rogar *(prier)*	**abrogar** *(abroger)*
	derogar *(déroger)*
	interrogar *(interroger)*
	prorrogar *(proroger)*
Sentar *(asseoir)*	**presentar** *(présenter)*
	representar *(représenter)*
Tender *(tendre)*	**pretender** *(prétendre)*
Tentar *(tenter)*	**atentar** *(commettre un attentat)*
	contentar *(contenter)*
	intentar *(intenter)*

Notons enfin que si le **o-** et le **e-** se trouvent en début de mot, ils diphtonguent en **hue-** et en **hie-** ou en **ye-**. Les verbes ne diphtonguent qu'en **ye-**. Certains mots ont les deux graphies.

Ex. : **oler** *(sentir)* → **huele** *(cela sent...)*
  errar *(errer, se tromper)* → **yerro** *(je me trompe)*
  *herba → **hierba** ou **yerba** *(herbe)*.

La diphtongaison tend surtout des pièges dans certains mots qui perdent leur diphtongaison par suite de dérivation.

Nous avons déjà vu **tierra** mais **terrestre**. On pourrait ajouter **ciego** *(aveugle)* mais **ceguera** *(aveuglement)*, **hierro** *(fer)* mais **herradura** *(ferrure)*,...

Il en va de même si on ajoute des suffixes.

Ex. : **viejo** *(vieux)* mais **vejez** *(vieillesse)*.
    merienda *(goûter)* mais **merendona** *(goûter copieux)*.

Il <u>devrait</u> en être de même pour les superlatifs en **-ísimo** puisqu'ils portent l'accent sur le **í** qui <u>suit</u> le radical. Toutefois, certains grammairiens considèrent que le retour de **ie** à **e** ou de **ue** à **o** n'est pas obligatoire dans ces cas.

Ex. : **nuevo → novísimo; nuevísimo** est toléré
    bueno → bonísimo; buenísimo est toléré.

Attention aux centaines! **Siete** mais **<u>se</u>tecientos, nueve** mais **<u>no</u>vecientos.**

Le son (Θ) peut s'écrire **z** devant toutes les voyelles et en fin de mot. Il peut s'écrire **c** devant **e** et **i**. Quand les Espagnols ont le choix, ils préfèrent le **c**.

Contrairement à la tendance espagnole qui veut qu'il n'y ait qu'une seule orthographe pour un son, il est théoriquement possible d'écrire les sons (Θé) et (Θi) de deux façons : **ce** ou **ze**, **ci** ou **zi**.

Mais ce choix est seulement potentiel. Les Espagnols préfèrent les graphies **ce** et **ci**.

Ex. : **juez** *(juge)* ne pourrait s'écrire autrement puisque l'on doit entendre le son (Θ) en fin de mot.

Au pluriel, le mot pourrait s'écrire ***juezes** ou **jueces**. Les Espagnols n'ont retenu que cette dernière orthographe.

Il en ira de même pour des mots comme **cero** *(zéro)* ou **cenit** *(zénith)*.

Ceci vaut aussi pour un grand nombre de formes de la conjugaison, notamment pour les verbes de la première conjugaison dont le radical se termine en **-zar**.

Ces verbes passeront à **-ce** au subjonctif présent.

Ex. : **lanzar** > **lance** *(que je lance)*.

Inversement, les verbes des deuxième et troisième conjugaisons en **-cer** et **-cir** passeront de **c** à **z** devant **a** et **o**.

Ex. : **vencer** > **venzo** *(je vaincs)*
      esparcir > **esparzo** *(j'éparpille)*.

Le **c** est une des trois consonnes qui peuvent être doublées en espagnol (les autres étant le **r** et le **n**).

Dans ce cas, le premier **c** est toujours prononcé (k), le second toujours (Θ) comme dans le mot **accíon**.

Exception à la règle qui veut que chaque son n'ait qu'une graphie en espagnol, le son [χ] peut s'écrire **ge** ou **je**, **gi** ou **ji**. Mais les Espagnols préfèrent le **g** sauf dans la conjugaison des verbes en **-jar**.

Le **g** espagnol se prononce comme le *g* français devant **a**, **o** et **u** et devant consonne. Il se prononce comme le ch allemand [χ] devant **e** et **i**.

Ex. : **general, gitano.**

Le **j** se prononce de même devant **e** et **i**.

Ex. : **jefe** *(chef)*, **jinete** *(cavalier)*.

Nous savons toutefois que les Espagnols préfèrent le **g** lorsqu'ils ont le choix. Ils pouvaient, par exemple, écrire **Gibraltar** (mot d'origine arabe) soit avec **g** soit avec **j** : ils ont préféré le **g**.

Plusieurs modifications orthographiques découleront de l'orthographe du **g**.

Les verbes en **-gar** passeront à **-gue** au subjonctif, à l'impératif et au passé simple : **pague** *(que je paie)*, **pagué** *(je payai)*, **pague** *(payez)*.

Les verbes en **-guir** perdront le **u** devant **a** et **o** : **distinguir** mais **distingo** *(je distingue)* et **distinga** *(que je distingue)*.

Les verbes en **-ger** et en **-gir** passent à **j** devant **a** et **o**.

Ex. : **coger** mais **cojo** *(je prends)* et **coja** *(que je prenne)* **fingir** *(feindre)* mais **finjo** et **finja**.

Seule exception, les verbes en **-jar** maintiennent le **j** dans toute leur conjugaison.

Ex. : **dejar** et **deje** *(que je laisse)*.

Comme la graphie **gua** se prononce [gwa], il faudra la maintenir et ajouter un tréma sur le **u** devant **e**. **Averi-**

guar mais **averigüe** *(que je vérifie)* et **averigüé** *(je véri-fiai)*.

On n'oubliera pas que la graphie **gn** se prononce tou-jours comme dans le français *agnostique*, jamais comme dans le français *agneau* puisque les Espagnols ont, pour rendre ce dernier son, la graphie **ñ** ! Songez à *Espagne* et à **España** !

On n'oubliera pas non plus que seules les graphies **gua** et **guo** se prononcent [gwa] et [gwo]. Les graphies **gue** et **gui** se prononcent toujours comme en français, ja-mais comme en italien !

Ex. : **guerra** cfr guerre, jamais [*gwerra] !

→ « FALSOS AMIGOS » QUE COMIENZAN CON G

Gabina est un *chapeau haut-de-forme;* une *cabine se* dit **cama-rote** ou **caseta de baños**.
Gachi désigne une *femme* ou une *jeune fille* dans la langue familière; *gâchis* se dit **mezcla**.
Gafa est un *crochet,* **gafas** sont les *lunettes* mais une *gaffe* se dit **metedura de pata**.
Un galán est un *homme élégant; galant* se dit **galante**.
Un galocho est un *dévoyé;* une *galoche* est **una galocha**.
Galleta est un *biscuit;* notre *galette* est **una torta, pasta** ou *dinero* s'il s'agit d'argent !
Gamo est un *daim* tandis que *gamme* se dit **gama, escala**.
Garce se dit **zorra** alors que **garza** désigne le *héron*.
Gastar signifie *dépenser* mais *gâter* se dit **mimar**.
Gentil signifie *gracieux.* Vous emploierez **amable** pour tra-duire *gentil*.
Gesto est une *expression de physionomie* alors que *geste* se dit **ademán**.
Graciosidad ne veut pas dire *gracieuseté* (qui se dit **gratifica-ción**). On le traduit par *grâce, beauté*.
Grada a beaucoup de sens dont *marche* (d'escalier), *parloir. Un grade* se dit **graduación** à l'armée.
Grama est du *chiendent.* On dit **gramo** pour *gramme*.
La grandilocuencia est l'*éloquence*, non péjoratif.
C'est **ampulosidad** qui traduit notre *grandiloquence*.
Graver se dit **grabar** et non **gravar** qui signifie *grever*.
La grua est la *grue* machine, **la grulla** est l'oiseau.
Ne confondez pas **grupa,** *croupe* avec **grupo,** *groupe* !

> Aucun mot espagnol ne peut commencer par **ie-** ou
> par **ue-**. Ces groupes doivent toujours être précédés
> d'un **h-**. Par ailleurs, beaucoup de mots français en
> **f-** correspondent à des mots espagnols en **h-**.

1. Les mots espagnols commençant par le son [ie] ne
peuvent s'écrire **ie-**. On fera précéder ce **ie-** d'un **h-** ou
on remplacera le **i-** par un **y-**.

Ex. : [ierba] s'écrira **hierba** ou **yerba** *(herbe)*.

Toutefois (voir orthographe du **y**), l'orthographe de ces
groupes initiaux est fixée, tantôt sous l'une, tantôt sous
l'autre graphie.

Cette modification en **hie-** ne s'applique pas aux verbes
qui changent <u>toujours</u> le son [ié] du début de forme
verbale en **ye-**.

Ex. : **yendo** *(en allant)* de **ir** et <u>jamais</u> ***hiendo** !

2. Les mots espagnols commençant par le son [**ue**]
doivent, de même, être précédés d'un **h-**.

Ex. : <u>huella</u> *(trace)*.

Cette modification rendra souvent difficile la reconnais-
sance d'un mot.

Ex. : **hueso** est tout simplement le mot *os* !

Ceci entraînera des modifications orthographiques dans
les verbes dont le radical commence par **o-** et qui
diphtonguent.

Ex. : **oler** *(sentir, percevoir par l'odorat)* > **huele** *cela
sent...)*

3. L'évolution phonétique de l'espagnol a souvent
amené des mots latins à passer du **f-** initial à **h-** en

espagnol alors qu'ils sont restés des mots en *f-* en français.

Ex. : **h̲ijo** < latin *f̲ilius* cfr français *fils*.

Tel est le cas, notamment, pour

h̲acer *(faire)*, **h̲ilo** *(fil)*, **h̲alcón** *(faucon)*, **h̲ender** *(fendre)*, **h̲orca** *(fourche)*, **h̲arina** *(farine)*, **h̲erir** *(blesser* cfr fr. *sans coup férir)*, **h̲ermoso** (du latin *f̲ormosus*), **h̲orno** *(four)*…

Toutefois, un grand nombre de mots ont conservé le **f-**.

Ex. : **fuego** *(feu)*, **fuerte** *(fort)*, **fiesta** *(fête)*…

Le passage à h- est généralement le signe d'une dérivation populaire, le maintien du f- est souvent le signe que le mot est de formation savante.

Ex. : **h̲arina** mais **f̲arináceo** *(farineux)*

Dans certains cas, le **h-** initial a tout à fait disparu.

Ex. : **alucinación** *(hallucination)*, **arenga** *(harangue)*, **arnés** *(harnais)*, **arpa** *(harpe)*, **arpón** *(harpon)*, **azar** *(hasard)*, **Elena** *(Hélène)*, **Enrique** *(Henri)*…

On notera qu'à l'inverse, le mot ouragan s'écrit **huracán** en espagnol.

→ « FALSOS AMIGOS » QUE COMIENZAN CON H

Hábil signifie *habile* sauf dans **día hábil** = *jour ouvrable*.
Habitación veut dire *chambre* avant de signifier *habitation*.
Hábito est surtout un *vêtement religieux*. *L'habit* se dit **frac**.
Hambre est *la faim* tandis que **ámbar** signifie *ambre*.
Hazaleja est un *essuie-mains* et pas une *azalée* **(azalea)**.
Helar veut dire *geler, glacer* et non *héler* **(llamar)**.
Heliogábalo est un *goinfre* !
Heredad est une *propriété rurale* tandis qu'*hérédité* se dit **herencia** qui signifie aussi *héritage*.
Hombre veut dire *homme*, **hombro**, *épaule*; *l'ombre* se dit **sombra** ou **o(b)scuridad**.
Horripilar est pris au sens propre (comme **horrorizar**) : *frapper d'horreur* tandis qu'*horripiler* se dit **irritar, exasperar**.
Hoz est une *faucille* tandis que *os* se dit **hueso**.

> Exception à la règle qui veut que chaque son n'ait qu'une graphie en espagnol, le son [χ] peut s'écrire **ge** ou **je**, **gi** ou **ji**. Les Espagnols préfèrent le **g** sauf dans la conjugaison des verbes en **-jar**.

Le **j** se prononce comme le ch allemand [χ] devant **e** et **i**.

Ex. : **jirafa** *(girafe)*, **jinete** *(cavalier)*.

Le **g** espagnol se prononce de même devant **e** et **i**.

Ex. : **general, gitano**

Nous avons vu (v. G : ORTHOGRAPHE, piège n° 7), que les Espagols préféraient le **g** lorsqu'ils avaient le choix.

Les mots en **g** viennent de mots latins en g. Les mots en **j** correspondent soit à des mots en *ch* (en français) comme le mot **jefe** *(chef)*, soit à des mots qui s'écrivaient avec **x** en ancien espagnol. Ces mots se prononçaient d'ailleurs comme le *[ch]* français. L'exemple le plus célèbre est celui de **Don Quixote** devenu **Quijote**.

Une modification découle de l'orthographe du **j**.

Les verbes en **-ger** et en **-gir** passent à **j** devant **a** et **o**.

Ex. : **coger** mais **cojo** *(je prends)* et **coja** *(que je prenne)*
fingir *(feindre)* mais **finjo** et **finja**.

Les verbes en **-jar** gardent le **j** dans toute la conjugaison.

Ex. : **dejar** et **deje** *(que je laisse)*

→ «FALSOS AMIGOS» QUE COMIENZAN CON J

Jamba est un *jambage* et non une *jambe* qui se dit **pierna**.
Jesuítico n'est pas péjoratif; c'est l'adjectif formé sur *Compagnie de Jésus;* **hipócrita** traduira *jésuitique*.
Jornada est une *journée de voyage*, un *voyage*, une *journée de travail* mais jamais une *journée* qui se dit **un día**.

> Si un mot qui commence par **r-** entre en combinaison avec un préfixe terminé par une voyelle, il faut doubler ce **r**.

Phonétiquement le **r** espagnol (entre deux voyelles) est prononcé deux fois moins « roulé » que le **r-** initial.

Ex. : le **r-** de **pero** *(mais)* est deux fois moins « roulé » que celui de **rayo** *(rayon)*.

Le **r-** en début de mot correspond donc à un **r** double.

Ex. : le **r-** de **rayo** est prononcé comme le **-rr-** de **perro** *(chien)*.

Donc, si un mot qui commence par **r** entre en combinaison avec un mot ou un préfixe (ce seront surtout **contra-**, **pre-** et **-pro**) se terminant par une voyelle, il faut doubler ce **r** pour maintenir sa prononciation.

Ex. : **rayo** se combine avec **para** pour former **pararrayo(s)** *(paratonnerre)*.

Il en ira de même pour **Contrarreforma** *(Contre-Réforme)*; **contrarréplica** *(réponse à une réplique)*; **contrarrevolución** *(Contre-révolution)*; **contrarronda** *(seconde ronde)*; **extrarradio** *(banlieue)*; **grecorromano** *(gréco-romain)*; **hazmerreir** *(bouffon,* littéralement : *fais-moi rire)*; **hispanorromanos** *(Hispano-romains)*; **monorrimo** *(monorime)*; **prerrafaelismo** *(préraphaélisme)*; **prerrafaelista** *(préraphaélite)*; **prerrogativa** *(prérogative)*; **prorrata** *(prorata)*; **prórroga** *(prorogation)*; **prorrogar** *(proroger)*; **prorrumpir** *(sortir quelque chose avec fougue)*.

Profitons-en pour noter quelques mots qui n'ont qu'un seul r en français et deux en espagnol :

baroque	**barroco**	*carafe*	**garrafa**
cigarette	**cigarrillo**	*charogne*	**carroña**
déroute	**derrota**	*fanfaron*	**fanfarrón**
guérilla	**guerrilla**	*guitare*	**guitarra**

> Le **i** s'orthographie **y** en début de mot devant voyelle, en fin de mot derrière voyelle et entre deux voyelles.

Contrairement à la tendance espagnole qui veut que l'on n'ait qu'une seule graphie pour un son, le **i** se change en **y** dans trois cas :

1. En début de mot devant une voyelle

Ex. : *ia *(déjà)* s'écrit **ya**.

Ceci aura des conséquences dans la conjugaison : les verbes dont le radical commence par **e-** et qui diphtonguent s'orthographieront obligatoirement avec **ye-**.

Ex. : **errar** *(se tromper, errer)* donne, à l'indicatif présent **yerro, yerras, yerra, yerran** mais **erramos** et **erráis** puisque ces formes ne diphtonguent pas.

Le verbe **ir** n'ayant pas de radical forme tout à fait normalement son gérondif en **[iendo]** qui s'orthographie **yendo**.

Pour les substantifs en **ie-**, deux orthographes sont possibles : **ye-** ou **hie-** puisque les mots qui commencent par le son [ié] peuvent s'écrire **hie-**.

Ex. : *herbe* peut s'écrire soit **yerba** soit **hierba**
lierre peut s'écrire soit **yedra** soit **hiedra**.

Toutefois, hormis ces deux cas, les mots en **ie-** n'ont qu'une seule orthographe en espagnol.

S'écrivent **hie-** : **hielo**, *le gel;* **hiel**, *le fiel;* **hierro**, *le fer...*

Notez que l'orthographe est la seule façon de distinguer des homophones : **hierro** = *le fer* alors que **yerro** = *je me trompe*.

S'écrivent **ye-** : **yema**, *le jaune d'œuf;* **yerno**, *le gendre;* **yeso**, *le plâtre...*

2. En fin de mot derrière une voyelle

Ex. : *rei (roi) s'écrit rey.

3. Entre deux voyelles

Ex. : leyes (lois)

Dans la conjugaison, notamment pour les verbes en -uir, le i se changera en y chaque fois qu'il se trouvera entre deux voyelles <u>sauf si ce i est accentué.</u>

Ex. : construyo, construyendo
    mais construía parce que ce i porte l'accent.

Il en ira de même pour tous les verbes de la deuxième et de la troisième conjugaison dont le radical se termine par une voyelle.

Ex. : leer *(lire)* → leyendo mais leía
    caer *(tomber)* → cayendo mais caían.

→ «FALSOS AMIGOS» QUE COMIENZAN CON I

Imponer signifie *imposer* (une loi, par exemple) mais *imposer* en matière fiscale se dit **gravar con un impuesto**.
Dès lors, **imposición** est *une exigence démesurée* et non l'*imposition* tout court qui se dit **impuesto**.
El impotente est l'*impuissant* à ne pas confondre avec **el tullido**, *l'impotent* !
Imprimir traduit *imprimer* pour un livre mais *imprimer un mouvement* se dit **dar** ou **comunicar**.
Incasable se dit de quelqu'un qu'on ne peut «caser», marier, tandis qu'*incassable* se dit **irrompible**.
Inconveniencia se dit d'*actes ou propos déplacés* tandis qu'*inconvenance* se traduit par **indecencia**.
Indemnidad est *l'état de celui qui est indemne* tandis qu'*indemnité* se traduit par **indemnización**.
On parle d'**infancia** jusqu'à l'âge de sept ans mais l'*enfance* en général se dit **niñez**.
Interpelar veut dire *demander de l'aide à*; *interpeller* se dit **dirigir la palabra a** (adresser la parole à).

Le son (θ) peut s'écrire **z** devant toutes les voyelles
et en fin de mot. Il peut s'écrire **c** devant **e** et **i**.
Quand les Espagnols ont le choix, ils préfèrent le **c**.
Les verbes terminés par **-acer**, **-ecer**, **-ecer** et **-ducir**
changent le **z** en **zc** devant **a** et **o**.

Contrairement à la tendance espagnole qui veut qu'il
n'y ait qu'une seule orthographe pour un son, il est
théoriquement possible d'écrire les sons (θé) et (θi) de
deux façons : **ce** ou **ze**, **ci** ou **zi**.

Mais ce choix est seulement potentiel. Les Espagnols
préfèrent les graphies **ce** et **ci**.

Ex. : **juez** *(juge)* ne pourrait s'écrire autrement puisque
l'on doit entendre le son (θ) en fin de mot.

Au pluriel, le mot pourrait s'écrire *juezes** ou **jueces**.
Les Espagnols n'ont retenu que cette dernière orthographe.

Il en ira de même pour des mots comme **cero** *(zero)* ou
cenit *(zenith)*.

Ceci vaut aussi pour un grand nombre de formes de la
conjugaison, notamment pour les verbes de la première
conjugaison dont le radical se termine en **-zar**.

Ces verbes passeront à **-ce** au subjonctif présent.

Ex. : **lanzar** > **lance** *(que je lance)*

Inversement, les verbes en **-cer** et **-cir** passeront de **c** à
z devant **a** et **o**.

Ex. : **vencer** > **venzo** *(je vaincs)*
      esparcir > **esparzo** *(j'éparpille)*

Les verbes terminés par **-acer**, **-ecer**, **-ocer** et **-ducir**
changent le **z** en **zc** devant **a** et **o**.

Ex. : **conocer** devrait donner ***conozo** à la première personne de l'indicatif présent. Il donne, de fait **cono<u>zc</u>o**.

Seuls les verbes **hacer** et **placer** font exception à cette règle : ils se comportent de façon tout à fait irrégulière.

**LISTE DES PRINCIPAUX VERBES
QUI CHANGENT LE Z EN ZC**

1. Verbe en -acer

nacer	*naître*

2. Verbes en -ecer

acontecer	*se passer, arriver*
agradecer	*remercier*
amanecer	*commencer à faire jour*
anochecer	*commencer à faire nuit*
carecer	*manquer*
crecer	*croître, pousser*
establecer	*établir*
fallecer	*décéder*
merecer	*mériter*
obedecer	*obéir*
ofrecer	*offrir*
padecer	*souffrir*
parecer	*paraître*
permanecer	*rester*
pertenecer	*appartenir*
resplandecer	*resplendir*

3. Verbe en -ocer

conocer	*connaître*

4. Verbes en -ducir

conducir	*conduire*
deducir	*déduire*
inducir	*induire*
producir	*produire*
reducir	*réduire*
reproducir	*reproduire*
seducir	*séduire*
traducir	*traduire*

Lucir *(luire)* et ses composés **deslucir** *(ternir)*, **relucir** *(reluire)* et **traslucir** *(être transparent)* se conjuguent comme les verbes en **-ducir**.

LE TRÉMA
(DIÉRESIS ou CREMA)

> Le tréma ne s'emploie que dans les groupes **güe** et **güi**.
> Il permet d'entendre le son (ou) dans ces groupes.
> Il apparaîtra surtout dans des dérivés et dans certains verbes à diphtongaison.

Le tréma est d'un emploi assez rare en espagnol, il ne sert en effet que dans le groupes **güe** et, beaucoup moins souvent **güi** pour faire entendre le son (ou) qui ne s'entend pas dans les groupes **gue** et **gui**. Il ne sert en tout cas jamais, comme l'umlaut allemand, à faire entendre un son (u) comme dans *jupe*.

On le trouve donc, par exemple, sur les mots **vergüenza** (*honte*), **cigüeña** (*cigogne*) ou **agüero** (*augure*). S'il n'était pas écrit, on prononcerait * (berguenθa), * (θiguenia) et * (aguero). Même chose pour **argüir** (*arguer*).

La difficulté tient au fait qu'il devra s'écrire sur certains dérivés : il faut en effet maintenir la prononciation de la finale du radical à travers toutes les transformations d'un mot.

Ce sera le cas de certains substantifs et adjectifs.

Ex. : **antiguo** (gwo) → **antigüedad** (gwé)
     lengua (gwa) → **lingüístico** (gwi)

Ce sera surtout le cas de certains verbes qui diphtonguent.

Ex. : **avergonzar** (*faire honte*) → **avergüenzo**

Ce sera enfin le cas de tous les verbes en **-guar**.

Ex. : **averiguar** (*vérifier*) → **averigüe**

On pourra encore trouver le tréma en poésie, lorsqu'il faut pronocer séparément deux voyelles qui forment normalement diphtongue.

Ex. : **süave** pour obtenir trois syllabes **su/a/ve** alors que le mot s'écrit normalement **suave**.

Un grupo de grupas

Un groupe de croupes

Piège 7

VERBES A MODIFICATIONS ORTHOGRAPHIQUES

Les verbes qui ont un **c**, un **gu**, un **qu** ou un **z** à la fin de leur radical subiront des modifications orthographiques. Les verbes en **-jar** n'en subiront pas.

**TABLEAU DES VERBES
A MODIFICATIONS ORTHOGRAPHIQUES**

A. Verbes dont le radical se termine en -c

1. Verbes en -car : passent de **c** à **qu** devant **e**
Type : **atacar** *(attaquer)*
Passé simple : 1re pers. : **ataqué**
Subjonctif présent : toutes : **ataque, ataques, ataque, ataquemos, ataquéis, ataquen**
Impératif présent : 3e et 6e : **ataque, ataquen**

2. Verbes en -cer : passent de **c** à **z** devant **a** et **o**
Type : **vencer** *(vaincre)*
Indicatif présent : 1re pers. : **venzo**
Subjonctif présent : toutes : **venza, venzas, venza, venzamos, venzáis, venzan**
Impératif présent : 3e et 6e : **venza, venzan**

3. Verbes en -cir : idem
Type : **esparcir** *(éparpiller)*
Indicatif présent : 1re pers. : **esparzo**
Subjonctif présent : toutes : **esparza, esparzas, esparza, esparzamos, esparzáis, esparzan**
Impératif présent : 3e et 6e : **esparza, esparzan**

B. Verbes dont le radical se termine en g-

1. Verbes en **-gar** : passent de **g** à **gu-** devant **e**
Type : **pagar** *(payer)*
Passé simple : 1ʳᵉ pers. : **pagué**
Subjonctif présent : toutes : **pague, pagues, pague, paguemos, paguéis, paguen**
Impératif présent : 3ᵉ et 6ᵉ : **pague, paguen**

2. Verbes en **-ger** : passent de **g** à **j** devant **a** et **o**
Type : **coger** *(prendre)*
Indicatif présent : 1ʳᵉ pers. : **cojo**
Subjonctif présent : toutes : **coja, cojas, coja, cojamos, cojáis, cojan**
Impératif présent : 3ᵉ et 6ᵉ : **coja, cojan**

3. Verbes en **-gir** : idem
Type : **fingir** *(feindre)*
Indicatif présent : 1ʳᵉ pers. : **finjo**
Subjonctif présent : toutes : **finja, finjas, finja, finjamos, finjáis, finjan**
Impératif présent : 3ᵉ et 6ᵉ : **finja, finjan**

C. Verbes dont le radical se termine en gu-

1. Verbes en **-guar** : prennent un tréma sur le **u** devant **e**
Type : **averiguar** *(vérifier)*
Passé simple : 1ʳᵉ pers. : **averigüé**
Subjonctif présent : toutes : **averigüe, averigües, averigüe, averigüemos, averigüéis, averigüen**
Impératif présent : 3ᵉ et 6ᵉ : **averigüe, averigüen**

2. Verbes en **-guir** : perdent le **u** devant **a** et **o**
Type : **distinguir** *(distinguer)*
Indicatif présent : 1ʳᵉ pers. : **distingo**
Subjonctif présent : toutes : **distinga, distingas, distinga, distingamos, distingáis, distingan**
Impératif présent : **distinga, distingan**

D. Verbes dont le radical se termine en **qu-**
changent le **qu** en **c** devant **a** et **o**
Type : **delinquir** *(commettre un attentat)*

Indicatif présent : 1re pers. : **delinco**
Subjonctif présent : toutes : **delinca, delincas, delinca, delincamos, delincáis, delincan**
Impératif présent : 3e et 6e : **delinca, delincan**

E. Verbes dont le radical se termine en z-
Changent le **z** en **c** devant **e**
Type : **gozar** *(jouir)*
Passé simple : 1re pers. : **gocé**
Subjonctif présent : toutes : **goce, goces, goce, goce-mos, gocéis, gocen**
Impératif présent : 3e et 6e : **goza, gozan**

F. Verbes dont le radical se termine par une voyelle
Ils changent le - **i** - entre deux voyelles en - **y** -
Type : **leer** *(lire)*
Gérondif : **leyendo**
Passé simple : 3e et 6e pers. : **leyó, leyeron**
Subjonctifs imparfaits : toutes : **leyera, leyeras, leyera, leyéramos, leyerais, leyeran** ou : **leyese, leyeses, leyese, leyésemos, leyeseis, leyesen**
Il en va de même pour **caer, oir** et **huir**

Les adjectifs de couleurs s'accordent, comme en français, avec le nom auquel ils se rapportent mais s'ils sont composés par un autre adjectif ou formés sur un nom, ils restent invariables.
Le suffixe *-âtre* se rend par divers suffixes.

Les adjectifs désignant la couleur réagissent en espagnol comme en français.

Ex. : *des mouchoirs rouges* = **pañuelos rojos**

Si ces adjectifs sont accompagnés d'un autre adjectif, ils restent invariables.

Ex. : *une maison jaune pâle* = **una casa amarillo pálido**

L'invariabilité est la règle lorsque des noms sont employés comme adjectifs de couleur, parce que l'on sous-entend, alors, *de la couleur de,* **de color de**

Ex. : *un chapeau rose* = **un sombrero rosa**

Si ces noms sont accompagnés d'un adjectif, ils resteront, a fortiori, invariables.

Ex. : un teint rose pâle = **una carnación rosa pálido**

Les principaux noms employés comme « adjectifs » de couleur sont **canela, lila, malva, naranja, rosa, violeta.**

Il n'y a pas, comme en français, un seul suffixe *-âtre* pour signifier « d'une couleur voisine de ». Notez que ce suffixe a aussi une connotation péjorative.

blanchâtre = **blanquecino, blanquezco**	*jaunâtre* = **amarillento**
bleuâtre = **azulado**	*noirâtre* = **negruzco**
brunâtre = **negruzco**	*rougeâtre* = **rojizo**
grisâtre = **grisáceo**	*verdâtre* = **verdoso**

ADJECTIFS POSSESSIFS

Les adjectifs possessifs peuvent se présenter sous deux formes en espagnol : pleines ou apocopées. Les formes pleines servent aussi pour les pronoms possessifs ainsi que dans certaines expressions.

1. Formes pleines ou fortes

MASC. SG.	FEM. SG.	MASC. PL.	FEM. PL.
mío	mía	míos	mías
tuyo	tuya	tuyos	tuyas
suyo	suya	suyos	suyas
nuestro	nuestra	nuestros	nuestras
vuestro	vuestra	vuestros	vuestras
suyo	suya	suyos	suyas

2. Formes apocopées

Les formes des trois personnes du singulier ainsi que de la troisième personne du pluriel apocopent respectivement en **mi, tu, su** et **su** au masculin et au féminin singulier; **mis, tus, sus** et **sus** au masculin et au féminin pluriel

3. Emplois

Comme il se doit, les formes apocopées s'emploient exclusivement <u>devant</u> les substantifs.

Les autres formes, beaucoup plus emphatiques, s'utilisent derrière le nom, surtout en cas d'interpellation, du genre : **hijo mío, Dios mío** ou après quelques locutions prépositives telles : **a pesar** *(malgré)*

Ex. : *à ta demande* = **a petición tuya**

Les principales locutions sont :

heureusement pour lui = **por fortuna suya**
en ma faveur = **a favor mía** mais on dit surtout **a mi favor**
malgré moi = **a pesar mío** mais on dit surtout **a mi pesar**

On utilisera également cette tournure derrière **Señor** et **Señores** dans les en-têtes de lettres.

Ex. : **Muy Señor mío :** = *Monsieur,* s'il y a un seul expéditeur
Muy Señor nuestro : = *Monsieur,* s'il y en a plusieurs
Muy Señores míos : = Messieurs, un seul expéditeur
Muy Señores nuestros : = Messieurs, s'il y en a plusieurs.

Vous n'oublierez pas le double point (:) après les adjectifs possessifs. Jamais de virgule dans ce cas !

On utilisera aussi les formes pleines pour rendre *un de mes*

Ex. : *un de mes amis* = **un amigo mío**

La tournure **uno de mis amigos,** si elle est correcte, est néanmoins beaucoup plus lourde.

Le possessif fort, employé comme attribut, traduit *à moi, à toi,...*

Ex. : *cette voiture est à moi* = **este coche es mío**

On n'oubliera pas que les formes des troisièmes personnes sont obligatoires en cas de vouvoiement.

Ex. : *Est-ce votre chien ?* = ¿ **Es su perro ?**
Est-ce le vôtre ? = ¿ **Es el suyo ?**

Mais, comme ces phrases peuvent prêter à confusion, puisqu'on peut aussi les traduire par *Est-ce son chien ?*,

Est-ce le sien ?, il conviendra, dans les phrases équivoques, de dire ¿ **Es el perro de Ud.** ? ou ¿ **Es el perro de él ?** selon qu'il s'agit de traduire *vôtre* ou *son* quoique ces tournures soient peu utilisées dans la langue parlée.

Les Espagnols transfèrent fréquemment l'idée de possession sur un pronom personnel.

Ex. : *Je mets mon chapeau* = **me pongo el sombrero**

Les pronoms possessifs se forment avec l'article défini suivi des formes pleines.

Le pronom possessif précédé de **lo** a le sens de *ce qui me concerne, me regarde...*

¡Anciano, no antiguo!

Agé, pas ancien !

Piège **19**

> Les adverbes de lieu se rapportent à la personne qui parle (**aquí, acá**), à la personne à qui l'on parle (**ahí**) et à ce qui est loin des deux (**allí, allá**)

Les Espagnols ont une triple distinction pour les adjectifs et pronoms démonstratifs comme pour les adverbes de lieu.

Proches de la première personne : **aquí, acá**
Proches de la deuxième personne : **ahí**
Eloignés des deux : **allí, allá**

Le français établit aussi cette nuance en disant *ici, là* et *là-bas*.

Par voie de conséquence, comme *voici* et *voilà* se forment le plus souvent avec les adverbes de lieu, il conviendra de tenir compte de cette triple distinction (v. chap. 77).

Les formes en **-í** s'emploient lorsque le lieu est précis, alors que les formes en **-á** s'emploient dans le cas contraire (souvent précédées de **para**) et lorsqu'elles suivent **más**. Dans ce cas, **más acá** correspond à **más cerca** tandis que **más allá** correspond à **más lejos**.

Ex. : *nous sommes ici* = **estamos aquí**
    viens ici = **ven (para) acá**
    un petit peu plus loin que le village
    un poquito más allá del pueblo

Comme les adjectifs démonstratifs, les adverbes de lieu peuvent se référer à l'espace mais aussi au temps, vers le futur ou le passé. Cet usage est presque inconnu de la langue parlée.

Ex. : — *Plus tard, dans un an …*
 Allá, dentro de un año …

— *Autrefois, au début de ce siècle …*
 Allá, a principios de nuestro siglo …

En deçà de se traduit par **por la parte de acá**; *au-delà de* par **más allá de.**

De ci, de là se traduit par **para acá y para allá** ou par **de acá para allá.**

Par-ci, par-là se traduisent par **por aqui, por allá.**

> Ils se forment en ajoutant **-mente** au féminin de
> l'adjectif.
> L'Espagnol leur préfère souvent **con, de, en** + subs-
> tantif.

1. Formation

Les adverbes de manière se forment en ajoutant **-mente**
au <u>féminin</u> des adjectifs.

Ex. : **claro> claramente**

Lorsque l'adjectif porte un accent écrit, il le conserve
malgré l'adjonction du suffixe **-mente** et quoique l'accent tonique tombe uniquement sur le **e** de **-mente**.

Ex. : **rapido > rápidamente**

Si l'adjectif se termine par une autre voyelle que **-o** ou
par une consonne, on se contente d'ajouter **-mente** à
ces voyelles ou à ces consonnes.

Ex. : **constante > constantemente**
     útil > útilmente

Ce serait une énorme faute que d'écrire ou de dire
*constantamente ou ***útilamente**! La règle de formation
est respectée puisque seules les finales en **-o** peuvent
passer au féminin.

2. Emploi

L'Espagnol n'aime guère les adverbes de manière en
-mente. Il les supprime dès qu'il le peut. Ceci se passe
a) lorsque deux adverbes de manière en **-mente** sont
   coordonnés : dans ce cas, on laisse le premier au
   féminin singulier et l'on n'ajoute la finale qu'au
   second.

Ex. : **clara y perfectamente** : *clairement et parfaitement*

Il est évident que si le premier adjectif se termine par une autre voyelle que **-a** ou par une consonne, ce sont ces finales que nous trouverons.

Ex. : **tan hábil como correctamente** : *aussi habilement que correctement.*

On peut considérer la chute de cette finale en **-mente** comme une apocope (voir apocope des adverbes).

b) Les adjectifs **ninguno, otro, tal** et **mismo** ne prennent pas la forme en **-mente**. On traduira donc les adverbes français de la façon suivante :

aucunement : **de ningún modo, de ninguana manera**
autrement : **de otra manera, de otro modo**
tellement : **tanto (-a, -os, -as)** devant un nom
  tan devant un adjectif ou un adverbe
  de tal modo, de tal manera devant un verbe
mêmement : **lo mismo, de igual manera, del mismo modo**

c) Les ordinaux ne prennent pas non plus les formes en **-mente**. On les remplace par **en** + adjectif numéral cardinal + **lugar**

Ex. : *troisièmement* : **en tercer lugar**

On peut toutefois employer **primeramente** et **últimamente**

d) Dans les autres cas, les Espagnols emploient de préférence des formes en **de, con** ou **en** + substantif.

Ex. : *gravement* : **con** (ou **de**) **gravedad**
  vraiment : **de** (ou **en**) **verdad.**

Notez que **recientemente** (*récemment*) apocope en **recién** devant participe passé.

Ex. : **los recién casados** : *les jeunes mariés*

→ UNOS MODISMOS CON RECIÉN

recién casada	*jeune mariée*
recién casado	*jeune marié*
recién nacido	*nouveau-né*
recién venido	*nouveau venu*

APOCOPE DES ADJECTIFS

> L'apocope est la chute de la dernière partie d'un mot.

Définition

Apocope est un mot d'origine grecque, passé en espagnol, ce qui prouve qu'il n'existe pas, en principe, dans d'autres langues. L'apocope se différencie de l'élision par l'absence d'apostrophe. Notons que des mots comme *moto* pour *motocyclette* ou *cinéma*, voire *ciné* pour *cinématographe* sont des sortes d'apocopes en français.

Adjectifs

Alguno voir **uno** : apocope de l'article, du pronom et de l'adverbe, chapitre suivant.

*

Bueno apocope en **buen** devant tout mot masculin singulier.

Ex. : *le bon instituteur nous disait que…*
el buen maestro nos decía que…

*

Ciento apocope en **cien** devant tout substantif et devant **mil**, **millar** (millier) et **millón**.

Ex. : *Il n'avait pas plus de cent livres*
No tenía más de cien libros

Cela coûtait cent mille (millions de) pesètes
Costaba cien mil (millones de) pesetas.

On apocope **ciento** même si le substantif est sous-entendu.

Ex. : *Combien de personnes y avait-il dans son appartement ? Plus de cent.*
¿ Cuántas personas estaban en su piso ? Más de cien.

On retrouve la forme **ciento** dans les multiples de cent et si cet adjectif numéral ne se trouve pas devant un substantif.

Ex. : *Ce fromage pesait deux cents grammes*
Este queso pesaba doscientos gramos.

Vingt fois cinq font cent
Veinte por cinco son ciento.

Cinq pour cent (5 %)
Cinco por ciento.

Mais 100 % se dit assez fréquemment **cien por cien** dans la langue parlée.

*

Cualquiera, *quelconque, n'importe quel, tout,* apocope en **cualquier** devant tout substantif singulier quoique facultativement devant un féminin.

Ex. : *n'importe quel jour* = **cualquier día**
en n'importe quelle circonstance
en cualquier(a) circunstancia.

L'apocope de **cualquiera** a lieu même si cet adjectif est séparé du mot auquel il se rapporte par un autre adjectif.

Ex. : *je te la raconterai un (quelconque) autre jour*
te la contaré cualquier otro día.

*

Grande apocope en **gran** devant tout mot singulier.

Ex. : *New York est une grande ville*
Nueva York es una gran ciudad.

*

Malo apocope en **mal** devant un mot masculin singulier.

Ex. : *Monsieur Lopez était un très mauvais médecin*
El señor López era un muy mal médico.

*

Ninguno : voir **uno,** apocope de l'article, de l'adverbe et du pronom, chapitre suivant.

*

Primero apocope en **primer** devant tout nom masculin singulier.

Ex. : *Christophe Colomb fut le premier « découvreur »*
de l'Amérique
Cristobal Colón fue el primer descubridor de
América

Si un autre adjectif est intercalé entre **primero** et le nom auquel il se rapporte, l'apocope se produit néanmoins.

Ex. : *L'auteur du Lazarillo fut le premier grand auteur*
de roman picaresque
El autor del Lazarillo fue el primer gran autor de
novela picaresca.

La présence d'un autre ordinal devant **primero** n'empêche pas l'apocope de celui-ci.

*

Santo apocope en **San** devant un nom ou un prénom de saint.

Ex. : *Cet artiste a peint saint Stéphane pour notre église*
Aquel artista pintó a San Esteban para nuestra igle-
sia.

Mais **santo** n'apocope pas si le nom du saint commence par **To-** ou par **Do-**. Ceci afin d'éviter des confusions.

Ex. : *Le Gréco a fait un tableau dans l'église de Saint-*
Thomas
El Greco hizo un cuadro en la iglesia de Santo
Tomé.

Santo n'apocope pas devant un nom commun.

Ex. : *Philippe était un saint homme*
Felipe era un santo hombre
Mais on dira surtout era un hombre santo dans ce cas.

On écrit **Santo Domingo** pour Saint Domingue.

On ne dit ni n'écrit **santo** devant **Santiago,** puisque le mot **santo** est déjà compris dans ce mot.

*

Tercero apocope en **tercer** devant tout nom masculin singulier.

Ex. : *C'est notre troisième voyage en Espagne*
     Es nuestro tercer viaje a España.

La présence d'un autre adjectif entre **tercero** et le nom auquel il se rapporte n'empêche pas l'apocope.

Ex. : *Le troisième grand dramaturge du siècle d'or est Tirso*
     El tercer gran dramaturgo del siglo de oro es Tirso.

La présence d'un autre ordinal devant **tercero** n'empêche pas l'apocope de celui-ci.

Ex. : **el décimo tercer día :** le treizième jour

Nous avons vu (voir adjectifs possessifs) que les formes **mi, tu** et **su** de l'adjectif possessif sont, en fait, des formes apocopées de **mío, tuyo** et **suyo.**

UNOS ADJETIVOS « FALSOS AMIGOS »

Afamado	*réputé*	*affamé*	**hambriento**
Amador	*a(i)mant*	*amateur*	**aficionado**
Anciano	*âgé*	*ancien*	**antiguo**
Benévolo	*bienveillant*	*bénévole*	**voluntario**
Bizarro	*courageux*	*bizarre*	**raro**
Bravo	*sauvage*	*brave*	**bueno**
Cómodo	*confortable*	*commode*	**apacible**
Comunal	*commun*	*communal*	**concejil**
Deserrado	*sans erreur*	*desserré*	**desapretado**
Discreto	*intelligent, sage*	*discret*	**reservado**
Firmado	*signé*	*fermé*	**cerrado**
Largo	*long*	*large*	**ancho**
Mocho	*écorné, tronqué*	*moche*	**feo**
Moroso	*lent, tardif*	*morose*	**taciturno**
Propio	*propre (à)*	*propre*	**limpio**
Repasado	*relu, revu*	*repassé*	**planchado**
Salido	*sorti*	*sali*	**ensuciado**

> L'apocope est la chute de la dernière partie d'un mot.

Définition

Voir Apocope des adjectifs, chapitre 19.

1. Articles

<u>Uno</u> apocope en **un** devant tout mot masculin singulier.

Ex. : **Un hombre.**

Mais si **uno,** adjectif numéral, ne se trouve pas devant un nom, il n'apocope pas.

Ex. : **dos menos uno es uno**
deux moins un égale un.

Il en va de même si uno est pronom.

Ex. : **¿ Quántos panes comiste? Comí uno**
Combien de pains as-tu mangé? J'en ai mangé un.

Les composés de **uno** suivent les mêmes règles

Ex. : **había veintiún clientes en la fonda**
il y avait vingt et un clients à l'auberge.

cuarenta y un soldados andaban por la ciudad
quarante et un soldats marchaient dans la ville.

Ce sera aussi le cas pour <u>alguno,</u> *quelque* (apocopé en **algún**) et <u>ninguno,</u> *aucun* (apocopé en **ningún**).

Ex. : **esos anciancos no tenían ningún animal**
ces vieillards n'avaient aucun animal.

Alguno et **ninguno** apocopent même s'ils sont séparés du nom auquel ils se rapportent par **otro** ou par un adjectif qui, lui aussi, apocope.

Ex. : **no quisiera vivir en ningún otro sitio**
Je n'aimerais habiter dans aucun autre lieu.

*

Una apocope en **un** devant un substantif féminin commençant par **a-** ou par **ha-** accentué (que l'accent soit ou non écrit).

Ex. : *une eau fraîche* = **un agua fresca.**

Vous aurez noté, par l'exemple, que le genre du substantif ne change pas pour autant.

Contrairement à l'apocope de **uno** article, qui est obligatoire oralement et par écrit, celle de **una** n'est jamais obligatoire par écrit, même si les Espagnols l'emploient beaucoup plus volontiers que la forme non apocopée. Quoi qu'il en soit, l'apocope de **una** est interdite devant les noms de lettres de l'alphabet.

Ex. : *un a tonique*
      una a tónica.

Alguna et **ninguna** apocopent dans les mêmes conditions que **una**. Cette apocope entraînera, comme au masculin, l'apparition d'un accent écrit.

Ex. : *Il n'y a aucun aigle dans notre pays*
      No hay ningún águila en nuestro país.

2. Adverbes

Cuanto apocope en **cuan** devant un adjectif.

Ex. : *Comme ces villes étaient belles avant la guerre !*
      ¡ Cuán hermosas eran esas ciudades antes de la guerra !

L'adverbe **recientemente** apocope en **recién** devant un participe passé employé adjectivement.

Les jeunes mariés = **Los recién casados.**

On lira quelques exemples supplémentaires au chapitre précédent.

*

Tanto apocope en **tan** devant un adjectif sauf **mayor, mejor, menor, peor.**

Ex. : *il est aussi grand que son père*
   es tan grande como su padre.

Mais *c'était d'autant mieux =* **era tanto mejor.**

On peut considérer comme une apocope la chute de la finale **-mente** du premier adverbe lorsque deux adverbes de manière en **-mente** sont juxtaposés.

3. Pronoms

Alguno, cualquiera et **ninguno** peuvent aussi être des pronoms. Dans ce cas, ils n'apocopent pas sauf s'ils sont suivis de **otro.**

Ex. : — *Vois-tu les élèves ?*
       Non, je n'en vois aucun
     — **¿ Ves a los alumnos ?**
       No veo a ninguno.

Mais :
Y a-t-il d'autres tableaux ici ? Non, il n'y en a aucun autre
¿ Hay otros cuadros aqui ? No, no hay ningún otro.

Cet endroit était plus agréable que n'importe quel autre
Ese lugar era más agradable que cualquier otro.

SUFFIXE AUGMENTATIF -ÓN

> On forme les suffixes augmentatifs en ajoutant la terminaison **-ón** au radical d'un nom ou d'un adjectif.

Le français utilise parfois le suffixe *-on* pour désigner une « grande » chose.

Ex. : *balle — ballon.*

L'espagnol procède de même, mais de façon beaucoup plus systématique.

Ex. : **bala** > **balón.**

Dans certains cas, l'espagnol se contente d'ajouter un **-n** à des mots terminés par **-o.**

Ex. : **perro** *(chien)* > **perrón** *(grand chien, molosse).*

Notez que le suffixe **-ón** est masculin. Lorsqu'il s'ajoute à des substantifs féminins, ceux-ci changent souvent de genre.

Ex. : **silla** *(chaise)* > **sillón** *(fauteuil).*

Certains substantifs gardent néanmoins leur genre. Le suffixe **-ón** passe à **-ona.** C'est le cas, notamment, pour **merienda** *(goûter)* > **merendona** *(goûter copieux),* **pelea** *(rixe)* > **peleona** *(querelle)...*

De plus, comme ces mots sont accentués sur la finale, l'accent tonique passera du radical à la terminaison, ce qui aura pour conséquence des suppressions de diphtongaisons.

Ex. : **merienda** > **merendona**
puerta > **portón.**

Il n'existe que peu de mots où le mot suffixé en **-ón** a pris un sens différent du mot sans suffixe.

Buzón désigne une simple *boîte aux lettres,* non une « grande » boîte;

cajón désigne le *tiroir* et non une *grande caisse;*

colchón signifie *matelas,* alors qu'il vient de **colcha** qui veut dire courtepointe;

esquilón signifie *clochette* et non grande cloche;

mesón signifie *auberge* et non « *grande* » *table;*

montón signifie *tas, monticule* et non pas *grand mont, grande montagne;*

telón désigne le *rideau de scène* et non une *grande toile.*

Certains adjectifs peuvent également former un augmentatif par adjonction de **ón** et de **-óna** au radical. Mais ils prendront souvent une valeur superlative ou péjorative.

Ex. : **simpaticón** = *très sympathique* (que voudrait dire « grand sympathique », hormis en langage médical !)

Ex. : **tetona** = *qui a de grosses « mamelles »*

L'espagnol peut ajouter deux suffixes à un même mot. **Hombre** donne **hombrón** (*homme de grande taille*) sur lequel on peut former **hombronazo** qui marque un excès dans la grandeur et la force. Le suffixe **-ón** peut aussi s'ajouter à des mots déjà suffixés comme dans **poblachón** formé à partir de **poblacho** (*mauvais village*) auquel on ajoute le suffixe **-n**.

→ FALSOS AMIGOS

Nous venons de voir que **sillón** signifiait *fauteuil. Sillon* se traduit par **surco** que l'on retrouve dans **microsurco**, microsillon.

Perrón veut dire *grand chien; perron* se dit **escalinata**.

Hombre signifie *homme* et non *ombre* qui se dit **sombra**.

Les suffixes collectifs les plus importants sont *-aie* qui signifie *lieu planté de* et se rend par **-al** ou **-ar** ainsi que *-aine*, ajouté à des adjectifs numéraux cardinaux, qui se rend surtout par **-ena** en espagnol.

1. Suffixe *-aie* ou l'expression *champ de*

Le suffixe *-aie* s'ajoute à un grand nombre de noms d'arbres pour marquer, en français, *lieu planté de, champ de*. Les équivalents espagnols de ce suffixe sont tantôt **-al**, tantôt **-ar**, avec, parfois, hésitations entre les deux suffixes.

a) Se rendent par -al

alcornocal = *lieu planté de chênes-lièges* (**alcornoque**)
arenal = *sablière* (**arena**)
arrozal = *champ de riz* (**arroz**)
cañaveral = *lieu planté de roseaux* (**caña**)
castañal = *châtaigneraie* (**castaña**)
cebadal = *champ d'orge* (**cebada**)
encinal = *voir* **encinar**
fresal = *champ de fraises* (**fresa**)
helechal = *fougeraie* (**helecho**)
lodazal = *endroit boueux* (**lodo**)
maizal = *champ de maïs* (**maíz**)
naranjal = *orangeraie* (**naranja**)
pedregal = *endroit couvert de pierres* (**piedra**)
patatal = *champ de pommes de terre* (**patata**)
trigal = *champ de blé* (**trigo**)
zarzal = *ronceraie* (**zarza**).

b) Se rendent par -ar

cañar = *voir* **cañal**
castañar = *voir* **castañal**
encinar = *chênaie* **(encina)**
habar = *champ de fèves* **(haba)**
linar = *champ de lin* **(lino)**
melonar = *melonnière, champ de melons* **(melón)**
olivar = *olivaie* **(oliva)**
pinar = *pinède* **(pino)**
retamar = *endroit planté de genêts* **(retama)**.

Par extension, les suffixes **-al** et **-ar** servent aussi à désigner des lieux où se trouvent des animaux de même espèce.

Ex. : **abejar** = *ruche(r)* **(abeja)**
       colmenar = *rucher* **(colmena)**
       conejar = *terrier de lapins* **(conejo)**.

Ces suffixes remplacent, dans bon nombre de mots, les anciens suffixes **-edo** et **-eda** tombés en désuétude depuis le XVIIe siècle.

Plusieurs dérivés de **año** et de **mes** forment également des dérivés en **-al** qui prêtent aussi souvent à confusion en espagnol qu'en français.

Bimensual = *bimensuel (qui paraît deux fois par mois)*
Bimestral = *bimestriel (qui paraît tous les deux mois)*
Bienal = *biennal (tous les deux ans, qui dure deux ans)*
Bianual = *bisannuel (deux fois par an)*
Trienal = *triennal (tous les trois ans, qui dure trois ans)*.

2. Suffixe *-aine* ajouté à des adjectifs numéraux cardinaux

Il se rend par **-ena** ajouté, comme en français, au radical d'adjectifs numéraux cardinaux, surtout de dizaines.

Ex. : **doce** (12) → **docena**
       treinta (30) → **treintena**.

Notez que **ciento** peut être suffixé en **centena** et en **centenar** et que **mil** est toujours suffixé en **millar** qui

signifie bien *millier* et jamais *milliard !* Voir aussi chapitre 41.

On peut aussi exprimer le suffixe *-aine* par **unos, unas**
+ adjectif numéral cardinal.

Ex. : **unas cincuenta mujeres** =
une cinquantaine de femmes
littéralement : *quelque cinquante femmes*.

Avec les dizaines (hormis dix), uniquement, on peut
rendre le suffixe *-aine* par l'adjonction de **y tantos, y
tantas** qui peuvent se souder au radical du numéral
cardinal sous la forme **-itantos, -itantas**.

Ex. : **cuarenta y tantos** (ou **cuarentitantos**) **kilómetros**
une quarantaine de kilomètres.

23   COMPARATIFS

> Les comparatifs se forment en ajoutant **más, menos** ou **tan(to)** devant des adjectifs ou des adverbes. Quelques comparatifs synthétiques peuvent s'employer à côté des formes analytiques.

1. Formation

Les comparatifs se forment comme en français en précédant l'adjectif ou l'adverbe de **más** (pour la supériorité), **menos** (pour l'infériorité) ou **tanto** (pour l'égalité).

Tanto apocope en **tan** dans les conditions décrites au chapitre 20.

On trouvera les formes non apocopées si **tanto** se trouve devant un substantif.

Ex. : **hay tantas fábricas como en Inglaterra**
    il y a autant d'usines qu'en Angleterre.

2. Comparatifs synthétiques

Comme en latin et en français, il existe quelques comparatifs dits «synthétiques» en espagnol :

bueno → mejor, grande → mayor, malo → peor, pequeño → menor.

Comme en français, avec *pire,* il est possible de dire :

es peor que su padre ou **es más malo que su padre**
il est pire que son père ou *il est plus mauvais que son père.*

Notez que si ces deux formes sont possibles avec **peor** et avec *pire,* il n'est pas possible de dire *plus bon à côté de *meilleur* alors qu'il est possible de dire **más bueno** à côté de **mejor**.

Toujours comme en français, **mejor** peut être le comparatif de **bueno** ou de l'adverbe **bien**, comme **peor** est le comparatif de **malo** ou de l'adverbe **mal**.

Ceci entraînera des confusions avec les verbes **ser** et **estar : es mejor** peut signifier *il est meilleur, c'est meilleur*. **Está mejor** voudra dire : *il va mieux* ou *c'est mieux*.

Par ailleurs, **mayor** et **menor** employés avec des termes de parentés signifient respectivement *aîné, plus âgé* et *cadet, plus jeune*.

Ex. : *ma sœur cadette* = **mi hermana menor**
ne réponds pas aux grandes personnes
nos contestes a las personas mayores.

On ajoute généralement à ces adjectifs synthétiques des formes qui étaient comparatives en latin mais ne sont plus que de simples adjectifs en espagnol contemporain.

C'est le cas de **anterior, exterior, inferior, interior, posterior, superior** et **ulterior**.

3. L'introducteur du second terme de la comparaison

L'introducteur du deuxième terme des comparatifs d'égalité est **como** et non **que**, source de nombreuses erreurs.

Ex. : **es tan grande <u>como</u> su hermano,** <u>jamais</u> ***que su hermano.**

Pour les comparatifs de différence, on utilise **que** lorsque le verbe de la proposition principale est le même que celui de la comparative elliptique.

Ex. : *les livres sont moins chers qu'ici*
(sous-entendu « qu'ils ne le sont ici »)
los libros son más baratos que aquí.

Comme ces propositions sont elliptiques, il faut y employer les pronoms <u>sujets</u> et non les formes ***mí...**

Ex. : **es más fuerte que <u>yo</u>** (sous-entendu **que yo lo soy**)
il est plus fort que <u>moi</u>.

Mais si les deux verbes sont différents, on introduira le second élément par **de lo que**

Ex. : *je le connaîtrai plus vite que vous ne l'imaginez*
lo conoceré más pronto de lo que imagina.

La viuda piensa en su heredad y en su herencia

La veuve pense à son héritage : une jolie propriété

Piège **8**

> Les diminutifs espagnols se forment principalement
> en **-ito** et **-illo** mais revêtent beaucoup d'autres for-
> mes. Ils remplacent presque systématiquement le
> *petit* français.

1. Remarques générales

Ils peuvent s'ajouter à des prénoms **(Luisa → Luisita),** à
des adjectifs **guapo → guapito)** ou à des adverbes **(cerca
→ cerquita).**

Ils peuvent se combiner avec d'autres suffixes, même
augmentatifs!

Ex. : **pícaro → picarón** *(grand frippon)* → **picaroncito**
(grand petit fripon!)

Ils peuvent même être doublement diminutifs, ce qui
sera souvent le cas avec des prénoms.

Ex. : **José → Pepe** *(petit Joseph)* →**Pepito** *(le tout petit
Joseph)*
      poco → poquito → poquitito *(un tout petit peu).*

Un même mot peut avoir plusieurs suffixations diminu-
tives sans qu'il y ait de notables différences entre elles.

Ex. : **animal → animalito** ou **animalillo.**

2. Remarques orthographiques

Dans certains cas, il faudra ajouter un accent sur le **í**.

Ex. : **aldea → aldeíta** (faute de quoi l'accent tomberait
sur le **e**).

ou un tréma sur le **ü**

Ex. : **legua** *(lieue)* → **legüecita** (pour maintenir le son [gw]).

Dans d'autres cas, il faudra modifier l'orthographe de la consonne finale du radical.

Ex. : **nariz** →**naricita** (parce que les Espagnols préfèrent le **c**; voir chapitres 6 et 12)
    arca → **arquita** *(coffret,* pour maintenir la sonorité [k] de la finale du radical).

3. Formations

a) par adjonction des suffixes -ito ou -illo

La formation la plus courante. Elle s'ajoute au radical de mots de deux syllabes terminés par une voyelle (sauf **-e**).

Ex. : **casa** → **casita** = *petite maison (maisonnette* ne s'emploie, en français, que très rarement)
    cesto → **cestillo** = *petit panier.*

b) par adjonction des suffixes -cito ou -cillo

Cette forme renforcée de **-ito** ou de **-illo** s'ajoute à des mots de deux syllabes ou plus terminés par **-e**, de deux ou plus de deux syllabes terminés par **-n** et par **-r** accentués sur la dernière syllabe.

Ex. : **traje** → **trajecito; mujer** → **mujercita**
    hombre → **hombrecillo.**

Exceptions : **alfiler, almacen, olivar, pinar, señor, vasar** qui se forment en **-ito** ou **-illo.**

c) par adjonction des suffixes -ecito ou -ecillo

Cette forme s'ajoute à des mots d'une syllabe terminés par une consonne ou par **-y**; à des mots de deux syllabes dont la voyelle du radical diphtongue en **ie, ue** ou **ei.**

Ex. : **voz** → **vocecita; vieja** → **viejecita.**

On notera avec ce dernier exemple que la diphtongaison subsiste alors que l'accent tombe en dehors du radical, ce qui est en contradiction avec les règles de diphtongaison (voir chapitre 5).

D'autres diphtongues dans des mots de deux syllabes entraînent une suffixation identique. Ce sont notamment les diphtongues **ai, au, ia, io, iu, oi, ua** et **ui**.

Ex. : **feria** → **feriecita** (*petite foire*).

Exceptions : **tío** (*oncle*) et **tía** font **tito** et **tita**.

Le mot **pie** (*pied*) forme son diminutif en **piececito**.

4. « Faux » diminutifs

Un certain nombre de mots se terminant par **-ito** ou par **-illo** ne sont en rien des diminutifs.

apetito = *appétit;* **bolsillo** = *poche;* **castillo** = *château;* **caudillo** = *chef;* **cuchillo** = *couteau;* **descansillo** = *palier (d'escalier);* **estribillo** = *refrain;* **gargantilla** = *collier (de femme);* **infiernillo** = *appareil métallique qui sert à chauffer les aliments;* **manecilla** = *aiguille;* **martillo** = *marteau;* **mejilla** = *joue;* **mezquita** = *mosquée;* **patilla** = *favoris;* **nudillo** = *jointure (des doigts);* **polilla** = *mite;* **silla** = *chaise;* **taquilla** = *guichet;* **rejilla** = *guichet.*

5. Autres suffixes diminutifs

Un très grand nombre d'autres suffixes servaient à former des diminutifs mais sont presque tous en déclin depuis le XVIIe siècle. Ils subsistent pour la plupart dans des noms de lieux.

Tel est le cas de **-uelo** qui forme les diminutifs comme les « composés » de **-ito**, c'est-à-dire renforcé en **-zuelo** ou par **-ezuelo**.

D'autres sont d'un emploi régional comme **-ico, -in** et **-ete -eta** ou **-uco** qui, d'origine provinciale, se sont étendus au reste de l'Espagne.

manilla	*bracelet de dame*
manija	*poignée, manche d'ustensile*
manita, manecita	*petite main gracieuse*
manezuela	*petite main, manche*
manecilla	*aiguille de boussole,...*

Auxquels ils faut ajouter

manita	*mannite* (produit sucré)
manito	purgatif pour bébés

qui viennent, eux, de **maná** = *manne (céleste)*.

FÉMININS
DE FORMATION IRRÉGULIÈRE

La plupart des noms et adjectifs forment leur féminin par changement de la voyelle finale en **-a** ou par adjonction d'un **-a**. Il existe une vingtaine de féminins tout à fait irréguliers.

---

1. Les substantifs et les adjectifs en **-o, --ote, -ete, -ante** et **-ente** changent leur voyelle finale en **-a**.

Ex. : **amigo** > **amiga, grand<u>ote</u>** *(très grand)* > **grandota, regord<u>ete</u>** *(grassouillet)* > **regordeta, elef<u>ante</u>** > **elefanta, pari<u>ente</u>** > **parienta**.

2. Les substantifs et les adjectifs en **-d, -n** (sauf **-en**), **-or** ajoutent un **-a** à ces voyelles finales.

Ex. : **huéspe<u>d</u>** *(hôte)* > **huéspeda, ladró<u>n</u>** *(voleur)* > **ladrona, seño<u>r</u>** > **señora**.

Les adjectifs en **-or** du type **mayor** ainsi qu'**anterior...** restent invariables au féminin.

3. Les adjectifs de nationalité terminés par consonne ajoutent un **-a**. Les autres adjectifs (de nationalité ou autres) sont invariables.

Ex. : **alemán** > **alemana**
mais **fuerte** = *fort* ou *forte*.

4. Féminins irréguliers

Lorsque les noms d'animaux n'ont qu'une seule forme, masculine ou féminine, on utilisera les mots **macho** *(mâle)* ou **hembra** *(femelle)* si l'on souhaite préciser le sexe de l'animal.

MASCULIN	SIGNIFICATION	FÉMININ	SIGNIFICATION
abad	abbé	abadesa	abbesse
actor	acteur	actriz	actrice
alcalde	maire	alcaldesa	mairesse
barón	baron	baronesa	baronne
buey	bœuf	vaca	vache
caballo	cheval	yegua	jument
carnero	mouton	oveja	brebis
conde	comte	condesa	comtesse
chivo	bouc	cabra	chèvre
don	monsieur	doña	madame
duque	duc	duquesa	duchesse
elector	électeur	electora	électrice
emperador	empereur	emperatriz	impératrice
gallo	coq	gallina	poule
héroe	héros	heroina	héroïne
hombre	homme	mujer	femme
padre	père	madre	mère
padrino	parrain	madrina	marraine
poeta	poète	poetisa	poétesse
potro	poulain	potranca	pouliche
príncipe	prince	princesa	princesse
profeta	prophète	profetisa	prophétesse
rey	roi	reina	reine
sacerdote	prêtre	sacerdotisa	prêtresse
tutor	tuteur	tutora	tutrice
yerno	gendre	nuera	belle-fille

→ «FALSOS AMIGOS»

Pariente désigne les *parents* autres que le *père* et la *mère* qui se disent **padres**.
Barón signifie *baron* mais **varón** qui se prononce de même désigne l'*homme, le mâle*.
Don signifie *monsieur*. Un *don* se dira **presente, regalo** s'il s'agit d'un cadeau, **dote** s'il s'agit d'une qualité innée.
Príncipe désigne le *prince, principe* se dit **principio**.

Un certain nombre de mots en **-o** prennent un sens « augmentatif » au féminin. Plusieurs noms ont un genre commun tandis que d'autres hésitent entre **el** et **la**.

1. Masculin et féminin de signification différente

Suite à une confusion venant d'une mauvaise connaissance du latin, quelques mots masculins ont un sens de « petite » chose, à l'opposé du féminin qui désigne une « grande » chose.

MASCULIN	SIGNIFICATION	FÉMININ	SIGNIFICATION
anillo	*anneau*	anilla	*gros anneau*
botijo	*cruche*	botija	*grande cruche*
canasto	*corbeille*	canasta	*gde corbeille*
cántaro	*cruche*	cántara	*grande cruche*
cesto	*panier*	cesta	*panière*
clavo	*clou*	clava	*épieu*
cubo	*seau*	cuba	*cuve*
cuenco	*écuelle*	cuenca	*jatte*
cuerno	*corne*	cuerna	*bois de cerf*
charco	*flaque d'eau*	charca	*mare*
farol	*lanterne*	farola	*phare*
frasco	*flacon*	frasca	*bouteille*
garrote	*trique*	garrota	*houlette*
hoyo	*trou*	hoya	*fosse*
jarro	*pot, broc*	jarra	*jarre*
mazo	*maillet*	maza	*massue*
perol	*chaudron*	perola	*grd chaudron*
saco	*sac*	saca	*grand sac*

Exceptions

Barco désigne un bateau en général tandis que **barca** signifie *barque*. Quant à **fruto**, il a le sens de *fruit* (figuré), au singulier comme au pluriel, tandis que **fruta** prend le sens concret s'il est précédé de l'article indéfini et de collectif s'il est précédé du défini.

2. Genre commun

Comme en français, des substantifs ont la même forme au masculin et au féminin. On ne les différencie que par les articles.

a) mots en -ista

Comme les mots français terminés par *-iste,* les mots espagnols en **-ista** ne se différencient que par l'article.

Ex. : **el** ou **la pianista**.

b) On y ajoutera des mots qui ne diffèrent que par l'article comme **el** ou **la joven** : *le jeune homme, la jeune fille.*

c) fonction exercée au masculin, objet au féminin

Songez au français *un trompette* (qui utilise) et *une trompette* (objet utilisé).

FÉMININ	SIGNIFICATION	MASCULIN	SIGNIFICATION
la barba	*la barbe*	**el barba**	*le père noble*
	le menton		*(au théâtre)*
la cura	*la cure*	**el cura**	*le curé*
la espada	*l'épée*	**el espada**	*le matador*
la guardia	*la garde*	**el guardia**	*le garde*
la guía	*la guide*	**el guía**	*le guide*
la policía	*la police*	**el policía**	*le policier*
la trompeta	*la trompette*	**el trompeta**	*le trompette*
la vista	*la vue*	**el vista**	*le douanier*

d) changent de sens en changeant de genre

FÉMININ	SIGNIFICATION	MASCULIN	SIGNIFICATION
la calavera	le crâne	el calavera	la tête brûlée
la capital	la capitale	el capital	le capital
la cólera	la colère	el cólera	le choléra
la cometa	le cerf-volant	el cometa	la comète
la corriente	le courant (du fleuve)	el corriente	le courant (du mois)
la corte	la cour royale	el corte	le tranchant
la creciente	la crue	el creciente	croissant de lune
la frente	le front (du corps)	el frente	le front (militaire)
la margen	le bord	el margen	la marge
la orden	commandem. ordre relig.	el orden	l'ordre
la parte	la partie	el parte	le télégramme communiqué commun. tél.
la pendiente	la pente	el pendiente	boucle d'oreilles
la pez	la poix	el pez	le poisson
la vocal	la voyelle	el vocal	membre de conseil

3. Genre ambigu

Quelques mots désignant des «choses» ont les deux genres en espagnol. Si, comme **tilde,** ils désignent une réalité espagnole intraduisible en français, le mot «français» aura aussi les deux genres.

Sauf **mar,** les Espagnols préfèrent le masculin.

Appartiennent à cette catégorie : **azúcar** *(sucre),* **calor** *(chaleur),* **centinela** *(sentinelle),* **color** *(couleur),* **mar** *(mer),* **tilde** *(tilde),* **puente** *(pont),* + **reo** *(accusé[e]),* **testigo** *(témoin).*

Mar s'emploie au masculin (mais les marins disent **la mar**) sauf dans l'expression **la mar de** = *la foule de, un tas de* et les composés **altamar** = *marée haute...*

1. Formation du pluriel

a) Les mots terminés par voyelle non accentuée et par **-e** accentué (que l'accent soit ou non écrit) prennent **-s.**

b) Les mots terminés par une consonne (y compris **y**) ou par une voyelle accentuée (autre que **-e**) prennent **-es.**

Exceptions : **dominós, mamás, papás, sofás.**

Un problème se pose toutefois au sujet des mots d'origine étrangère appartenant à cette catégorie. D'après la Real Academia, **chandales, clipes** et **clubes** sont préférables à **chandals, clips** et **clubs** tandis que l'usage tend à consacrer **champus, dossiers** et **chacós** (*shakos*).

Les noms communs terminés en **-z** passent à **-ces** en fonction de la préférence des Espagnols pour le **c** (voir chapitres 6 et 12).

Ex. : **cruz > cruces.**

Les mots terminés par **-n** et en **-s** accentués sur la dernière syllabe perdent l'accent écrit.

Ex. : **nación > naciones**
compás > compases.

Deux mots déplacent leur accent tonique vers l'arrière : **carácter > caracteres; régimen > regímenes.**

c) Restent invariables les mots de plusieurs syllabes terminés par **-s, -x** et les noms propres en **-z.**

Ex. : **las crisis** (*les crises*), **los López.**

2. Noms qui ne s'emploient qu'au pluriel

Voir piège 28.

3. Mots qui ont deux sens au pluriel

Ce sera le cas pour les degrés de parentés ainsi que pour les titres. Nous ne traduisons pas le pluriel « normal ».

SINGULIER	SENS	SENS SECOND DU PLURIEL
amo	*maître de maison*	*maître et maîtresse*
conde	*comte*	*comte et comtesse*
dueño	*patron*	*patron et patronne*
duque	*duc*	*duc et duchesse*
hermano	*frère*	*frère et sœur*
hijo	*fils*	*enfants (fils et fille)*
marqués	*marquis*	*marquis et marquise*
padre	*père*	*parents (père et mère)*
primo	*cousin*	*cousin et cousine*
rey	*roi*	*souverains*
tío	*oncle*	*oncle et tante*

Vous aurez noté la traduction de **reyes** par *souverains*. C'est évidemment une faute, sanctionnée par l'usage, de traduire **Les Reyes católicos** par *Les Rois catholiques*.

→ FALSOS AMIGOS

Amo, ama signifient *maître(sse) de maison; l'âme* se dit **alma** ou **ánima**.

Ne confondez pas **primo**, *cousin* avec **primero**, *premier*!

Género est le *genre* tandis que *généreux* se dit **generoso** ou **noble**.

Lente désigne la *lentille* alors que *lent* se dit **lento**.

Vispera est la *veille; vipère* se dit **víbora**.

Nariz veut dire *nez; narine* se dit aussi **nariz** ou **ventana de la nariz**.

Espalda(s) est le *dos* tandis que *épaules* se dit **hombros**.

4. Autres noms qui ont deux sens au pluriel

Nous n'indiquons pas le sens du pluriel « normal ».

SINGULIER	SENS	SENS SECOND DU PLURIEL
ademán	geste	manières, allure
alfiler	épingle	étrennes dans l'expression **para alfileres**
anteojo	longue-vue	lunettes
celo	zèle	jalousie (morale)
corte	cour	parlement
esposa	épouse	menottes
expresión	expression	compliments, le bonjour
facción	faction	traits (du visage)
género	genre	marchand., genres litt.
grillo	grillon	fers, chaînes
lente	lentille	lunettes
papel	papier	journaux, documents d'identité
parte	partie	qualités
perdigón	perdreau	plomb(s) de chasse
prenda	gage, vêtement	qualités morales
seña	signe, marque	adresses, gestes
seso	intelligence	cervelle
trabajo	travail	peines, souffrances
vispera	veille	vêpres

5. Collectifs

El pelo et **el cabello** signifient *les cheveux*.
Le nez se traduit indifféremment par **la nariz** ou **las narices**.
Le dos se traduit indifféremment par **la espalda** ou **las espaldas**.

> Un certain nombre de substantifs ne s'emploient qu'au pluriel. *Un* se traduira par **unos** devant ces mots.

Comme en français, il existe en espagnol des substantifs qui ne peuvent s'employer qu'au pluriel.

Ex. : *les ciseaux* = **las tijeras.**

Les principaux mots qui n'existent qu'au pluriel espagnol alors qu'ils sont au singulier en français sont :

andas ou **angarillas,** *brancard, civière;* **calzoncillos,** *caleçon;* **carnestolendas,** *carnaval;* **celos,** *jalousie;* **Cortes [las],** *Parlement;* **cosquillas,** *chatouillement;* **enaguas,** *jupon;* **fideos,** *vermicelle;* **lentes,** *lunettes, pincenez;* **llares,** *crémaillère;* **mientes,** *attention;* **modales,** *tenue, conduite;* **parillas,** *grill;* **pinzas,** *pince;* **señas,** *adresse;* **sesos,** *cervelle;* **tenazas,** *tenaille...*

On y ajoutera les <u>formules de politesse</u> **buenos días, buenas tardes, buenas noches;** certaines <u>locutions</u> **a principios de, a fines de, a mediados de;** et certaines <u>locutions adverbiales</u> comme **en ayunas** *(à jeun),* **de burlas** *(pour rire),* **a veces** *(parfois),* **muchas veces** *(souvent),* **de veras** *(vraiment)...*

Les substantifs qui ne représentent qu'une seule chose mais qui s'emploient au pluriel en espagnol seront précédés de **unos, unas** pour traduire le singulier français *un, une.*

Ex. : *elle portait un jupon blanc*
llevaba <u>unas</u> enaguas blancas.

Les Espagnols disposent d'un très grand nombre de suffixes péjoratifs, sans compter les augmentatifs et diminutifs qui peuvent jouer occasionnellement le rôle de péjoratifs.

Formation

Ils s'ajoutent au radical des mots terminés par voyelle et à la consonne finale des mots terminés par consonne. On se gardera de former des péjoratifs sans qu'ils soient attestés par les dictionnaires ou l'usage courant.

1. Les plus fréquents

-ucho : il est le plus employé, comme dans **casucha** = *bicoque, masure*

-acho : idée de ridicule, de monstruosité; exprime aussi la vulgarité, le mépris, l'aversion dans **hombra-cho** = *gros homme vulgaire*

-aco : **libraco** = *bouquin, mauvais livre*

-astro : **madrastra** = *marâtre*.

2. Les occasionnels

-ajo : **sombrajo** = *ombre que l'on projette pour taquiner quelqu'un* (langue familière)

-orrio : **villorrio** = *sale petit village*

-orro : **ventorro** = *gargote*

-uza : **gentuza** = *canaille, lie du peuple, populace*

3. Les diminutifs

-ito : est rarement employé avec valeur péjorative. On lui trouve cependant parfois cette valeur dans **sonrisita** = *petit sourire* (sous-entendu moqueur)...

-illo : s'emploie plus souvent avec valeur péjorative comme dans **un tonillo seco** = *un petit ton sec.*

-ejo : petitesse + laideur et vulgarité comme dans **caballejo** = *bidet, petit cheval*

-ete (-eta) : petitesse + laideur et vulgarité dans **abogadete** = *avocaillon*

-uco : mujeruca = *mégère*

4. Les augmentatifs

-ón : augmentatif par excellence, qui peut prendre une nuance péjorative dans **comilón** = *gros mangeur*...

-azo : idée de difformité, de grandeur disproportionnée que l'on trouve dans **hombrazo** = *homme démesurément grand*

-ote (-ota) : idée de ridicule, de monstruosité; exprime aussi la vulgarité, le mépris, l'antipathie que l'on retrouve dans **marinerote** = *gros marin vulgaire.*

➡ UNOS PEYORATIVOS

bellâtre	**guapo, soso**
fadasse	**sosaina, muy soso**
grognard	**gruñon, regañón, rezongón**
marâtre	**madrastra**
pleurnicher	**lloriquear**
richard	**ricacho**
rustaud	**rústico, palurdo, villano**
vantard	**jactancioso, preciado**
vivoter	**trampear, malcomer, ir pasando.**

La plupart des préfixes espagnols ont la même valeur que les préfixes français mais **re —** et **requete —** ont généralement valeur augmentative.

La plupart des préfixes espagnols sont d'origine grecque ou latine et ont, dès lors, le même sens qu'en français.

On notera toutefois :

1. Bien-

Se présente sous la forme **bien-** dans les mots savants et sous la forme **ben(e)-** dans les mots d'origine populaire.

Ex. : **benevolencia** et **bendecir** mais **bienvenido**.

2. Contra-, pre-, pro-

Si les mots qui suivent ces préfixes commencent par **r-**, il conviendra de doubler le **r**. Voir chapitre 10.

3. Ex-

S'emploie comme en français (mais sans trait d'union) avec la valeur d'ancien sauf si la fonction se trouve en apposition à un nom de personne auquel cas l'espagnol utilise l'expression **que fue** derrière le titre ou **ex** devant ce titre.

Ex. : **un ex ministro**
López, ex-ministre des Finances
López, ex ministro de Hacienda ou **ministro que fue.**

4. In-, di-, dis- et des-

La négation se marque, comme en français, par le préfixe **in-** si le mot à nier commence par une voyelle.

Ex. : **útil** > **inútil**.

Si le mot à nier commence par **m-**, le préfixe espagnol reste **in-**. Il ne se transforme pas en **im-** comme en français, ceci pour éviter la succession de deux **m** en espagnol : **moral** > **inmoral**.

Il en ira de même avec le préfixe **en-** : **enmendar.** En outre, si les mots qui suivent **in-** et **en-** commencent par **p-** ou **b-** le **n** se transforme, comme en français, en **b** (**embarcar, emprender, imprudente**). Si le mot à nier commence par **r-** le **n-** de **in-** se transforme en **r**. Ex. : **revocable** > **irrevocable**.

Si le mot à nier commence par une consonne (et souvent par un **h-**), le préfixe négatif est **des-** dans les mots de formation populaire, **di-** ou **dis-** dans les mots d'origine savante.

Ex. : **hacer** > **deshacer; conocer** > **desconocer**
       fundir > **difundir; gustar** > **disgustar.**

On trouvera parfois des mots en **des-** devant voyelle. C'est le cas de **desatar, desunir, desamor, desigual...**

5. Re- et requete-

Ils ont valeur d'augmentatif, dans la plupart des cas. Ils marquent très rarement la répétition comme en français. Voir chapitre 33.

6. Semi-

Correspond de plus en plus au français *demi-, semi-* ou à l'expression *à moitié.*

Ex. : *la demi-finale* = **la semifinal**
       la semi-obscurité = **la semioscuridad**
       à moitié carbonisé = **semicarbonizado.**

7. Sin-

Sin- entre dans la composition de quelques mots, soudé ou non à ceux-ci. La préposition prend alors une valeur négative.

Ex. : *une infinité* (littéralement *une sans fin*) : **un sinfin**
       sans égal = **sin par.**

> **Lo, la** et **le** servent de pronoms de la troisième personne. Les Espagnols hésitent souvent entre ces trois formes dans la langue écrite et même dans la langue parlée.

1. Pronoms doubles

On lira le chapitre 100.

2. Double construction des pronoms

On lira le chapitre 96.

3. C.O.I.

Il n'y a pas d'hésitations en ce qui concerne la traduction de *lui* C.O.I. qui se traduit exclusivement par **le**, tout comme *leur* C.O.I., qui ne peut se traduire que par **les**.

4. C.O.D.

a) traduction de *le* C.O.D. : *Je le vois* se traduit normalement par **lo veo** qui est la forme recommandée par la Real Academia. Toutefois, comme il n'existe pas de C.O.D. de personnes déterminées qui ne soit un C.O.I. de fait (* **veo a él**), on trouve souvent dans la langue littéraire, ainsi qu'à Madrid, dans la langue parlée, **le veo** au lieu de **lo veo**.

b) traduction de *la* C.O.D. : Il n'y a pas d'hésitations, par contre, en ce qui concerne le féminin qui ne se traduit que par **la**.

c) traductions de *vous* C.O.D. masculin de politesse :
Je vous vois devient *je vois Votre Seigneurie,* donc, *je la vois.* Il serait donc légitime de traduire par **la veo.** Mais il serait bizarre de dire * **la veo** à un homme. Dès lors, on emploie **lo veo** dans ce cas, pour marquer la différence avec **la veo** réservé à *je vous vois* pour une femme. D'autres encore emploient **le veo** en fonction du point 4° a) ! (On parle de « **leísmo** » dans ce cas).

d) traduction de *vous* C.O.D. féminin de politesse

La seule traduction possible est **la.** *Je vous vois (vous, Madame)* = **la veo.**

Pas d'hésitations au pluriel ni pour **lo** mis pour des choses.

> Un certain nombre de mots espagnols commencent par **a-** ou par **e-** alors qu'il n'y a pas de préfixe en français.

Préfixe a- en espagnol

camper	**acampar**
conditionner	**acondicionar**
divination	**adivinación**
douane	**aduana**
grouper	**agrupar**
parquer	**aparcar**
récif	**arrecife.**

Préfixe e- en espagnol

Les mots français qui commencent par **s** suivi d'une consonne deviennent presque tous des mots espagnols en **es** + consonne.

scabreux	**escabroso**
scaphandre	**escafandra**
scapulaire	**escapulario**
schéma	**esquema**
scission	**escisión**
spécial	**especial**
station	**estación**
svelte	**esbelto.**

Cette adjonction se produit également dans les noms propres.

Strabon	**Estrabón**
Strasbourg	**Estrasburgo.**

Elle n'est toutefois pas possible avec les mots français dérivés de *science* qui deviennent **ciencia, científico...**

Le superlatif, beaucoup plus utilisé en espagnol qu'en français, se forme surtout en ajoutant **-isimo** à des adjectifs mais aussi à d'autres mots. On peut aussi le former à l'aide de préfixes comme **re-** ou **requete-**

1. Superlatif relatif

Le superlatif relatif correspond à *le plus, le moins* et se rend de la même manière en faisant précéder l'adjectif de **el más, el menos** dont l'article s'accorde.

Ex. : *Les plus jolies* = **las más bonitas.**

Nous avons vu (chapitre 23) que certains comparatifs synthétiques existaient à côté des formes analytiques. Nous les retrouverons dans les superlatifs relatifs.

Ex. : *la plupart du temps* = **la mayor parte del tiempo**
littéralement : *la plus grande partie du temps.*

Ce sera le cas pour **mayor** < **grande, mejor** < **bueno, peor** < **malo** et **menor** < **pequeño.**

Mais, à côté de ces formes, existent des formes également synthétiques directement issues du latin : **máximo** < **grande, óptimo** < **bueno, pésimo** < **malo** et **mínimo** < **pequeño.**

Pour ces quatre adjectifs, il y a donc trois façons d'exprimer le superlatif relatif : **el más bueno, el mejor** et **el óptimo.**

Notez que l'on a parfois recours à ces formes en français : *les plus mauvais résultats* à côté de *les pires résultats* ou *les résultats pessima.*

Tout comme **mayor** et **menor, el mayor** et **el menor**

peuvent signifier *l'aîné* et *le cadet* s'ils se réfèrent à des âges.

Ex. : *la fille aînée* = **la hermana mayor.**

2. Superlatif absolu

Le superlatif absolu correspond au français *très* et se rend de plusieurs manières en espagnol :

a. par muy comme *très* en français

Ex. : *très intelligent* = **muy inteligente**

On se gardera bien de dire ou d'écrire * **mucho inteligente.** Toutefois, si l'adjectif n'est pas exprimé, ce qui sera parfois le cas dans le dialogue, on doit remplacer **muy** par **mucho.**

Ex. : *Il est intelligent, n'est-ce pas ? — Oui, très.*
Es inteligente, ¿ verdad ? — Sí, mucho.

b. par l'adjonction du suffixe -ísimo au radical

Ex. : *très intelligent* = **inteligentísimo.**

Ce préfixe commence par un **í-**, ce qui entraînera des modifications orthographiques.
Ex. : **poco > poquísimo,** pour maintenir la sonorité [k] de la finale du radical.
    largo > larguísimo, pour maintenir la sonorité [g]
    feliz > felicísimo, parce que les Espagnols préfèrent le **c.**

Comme ce préfixe commence par un **í-** tonique, on devra, normalement, rétablir les voyelles diphtonguées dans l'adjectif.

Ex. : **nuevo > novísimo**
    viejo > vejísimo.

Tous les grammairiens ne sont pas d'accord avec ceci, notamment Francisco Rico de la Real Academia española qui considère **buenísimo** ou **viejísimo** comme des formes tout à fait correctes mais qui sent le suffixe **-ísimo** comme pédant et « étranger ».

Le suffixe **-ísimo** peut s'ajouter à d'autres mots que des adjectifs. Nous avons vu ci-dessus l'adverbe **poco**. Il est même possible de l'ajouter, à l'italienne, à des substantifs comme c'est le cas pour **generalísimo**, qui correspond à notre *généralissime* hérité de l'italien.

On met, en général, les tournures **muy** + adjectif et **-ísimo** sur un pied d'égalité. Il n'en est rien et, de fait, il y a gradation. Songeons au français *riche, très riche* et *richissime*.

A côté des formes en **-ísimo** existent des formes en **-érrimo**, calquées sur le latin et pratiquement réservées à la langue littéraire. Tel est le cas, par exemple, de **pulquérrimo** à côté de **pulcrísimo** (*très coquet*).

c. par l'adjonction du préfixe re-

Le préfixe **re-** a rarement le sens répétitif en espagnol (voir chapitre 73). Il a, le plus souvent, surtout avec des adjectifs, le sens intensif qui correspond à un véritable superlatif.

Ex. : *très bon* = **rebueno**.

d. par l'adjonction du préfixe requete-
(langue populaire)

Ce préfixe est plus fort encore que le préfixe **re-**.

Ex. : *archi-comble* = **requetelleno** alors que **relleno** signifie *bondé*
très très bien (adverbe renforcé) = **requetebien**

Ce préfixe eut tellement de succès qu'un groupe de droite, pendant la Guerre civile, s'intitula **Los Requetés**!

e. par l'adjonction du préfixe **super-**

Cette formation, tout à fait récente, est combattue par certains grammairiens, dont Francisco Rico de la Real Academia española, qui considèrent ce préfixe comme « étranger » et n'y voient qu'un phénomène de mode à déconseiller formellement.

Ex. : *très bon* = **superbueno**

f. par l'adjonction du suffixe **-ito**

Cette tournure diminutive est propre à la langue parlée. Elle peut s'ajouter, en plus des adjectifs, à presque tous les mots, sauf les adverbes de manière en **-mente**.

Ex. : *il se levait très tôt tous les jours*
se levantaba tempranito cada día

g) Pour les superlatifs calqués sur le latin et formes particulières, on se référera aux grammaires normatives.

Ce sont des verbes (parfois appelés semi-auxiliaires) qui marquent diverses nuances de temps ou d'aspect tels le futur ou le passé proches, la continuité...

Remarque : l'aspect n'a rien à voir avec le temps, le mode ou la voix. Les verbes qui servent à marquer l'aspect pourront se mettre à tous les temps de l'indicatif, du conditionnel et du subjonctif, du moins en principe.

I. Aspect duratif

Il se forme en français à l'aide de *être en train de* ou de *être occupé à*.

Il se rend en espagnol par **estar** ou **quedar(se)** + gérondif. Comme les Anglo-Saxons, les Espagnols emploient volontiers cette forme souvent appelée « voix » ou « forme » progressive. Le français l'emploie moins et il ne sera pas toujours nécessaire de la traduire par « *être en train de* » ou « *être occupé à* ».

On n'oubliera pas de postposer le pronom au gérondif et de le souder à lui. On n'oubliera pas non plus que toute adjonction de pronom au gérondif entraîne l'apparition d'un acent écrit.

Ex. : *il était en train de la lire quand je suis arrivé*
estaba leyéndola cuando llegué.

II. Aspect progressif

Le français établit une nuance entre cet aspect duratif et l'aspect progressif qui marque la continuité, la progression ou la succession.

Ex. : *le mal va croissant.*

Ces tournures, assez archaïques en français, restent bien vivantes en espagnol. On emploie, en espagnol, selon les circonstances, **ir, venir** ou n'importe quel verbe de mouvement (**correr, acercarse**...) pour traduire *peu à peu, de plus en plus*...

Ir + gérondif marque une progression à partir d'un certain moment.

Ex. : *il dit que son ami ne travaille pas*
va diciendo que su amigo no trabaja.

Andar + gérondif marque la même idée mais avec déplacement du sujet (ce qui pourrait se rendre en français par *de ci, de là, d'un côté et d'autre*...)

Ex. : *ils cherchèrent (un peu partout) leur argent*
anduvieron buscando su dinero.

Venir + gérondif marque, par contre, une progression jusqu'à un certain moment.

Ex. : *il me raconta sa dernière blague* (littéralement : « *il vint me racontant sa dernière blague* »)
vino contándome su última broma.

III. Proximité dans le futur

Elle se marque en français par *aller* ou par *être sur le point de* suivis d'un infinitif.

On rend ceci par **ir a** ou **estar a punto de** + infinitif en espagnol.
Ex. : *J'allais nager dans la rivière quand je l'ai vu*
Iba a nadar en el río cuando lo vi.

On n'oubliera pas de postposer et de souder le pronom s'il dépend de l'infinitif et d'écrire l'accent sur cet infinitif s'il y a deux pronoms enclitiques.

Ex. : *Elle allait (se) la manger quand je suis arrivé*
Iba a comérsela cuando llegué.

IV. Proximité dans le passé

Se rend en français par *venir de* suivi d'un infinitif.

Se rend tout à fait différemment par **acabar de** (littéralement : «*achever de*») + infinitif en espagnol.

Ex. : *Elle venait de le dire quand elle comprit sa bêtise*
Acababa de decirlo cuando comprendió su tontería.

Ce serait une énorme faute que de traduire ce «*venir de*» marquant le passé proche par **venir de** qui ne s'emploie que pour marquer une provenance «géographique».

V. Continuité

En français, se rend par *continuer à* + infinitif.

En Espagnol, on emploie **seguir** suivi du gérondif.

Ex. : *il continuait à pêcher malgré la tombée du jour*
Seguía pescando a pesar del anochecer.

On peut aussi traduire *continuer* à par **continuar, llevar** ou **proseguir** + gérondif.

Ex. : **Continuaba pescando a pesar del anochecer.**

Llevar suivi du gérondif envisage la continuité de façon rétrospective.

Ex. : *Il y a plus d'un mois que j'étudie mes examens*
Llevo más de un mes estudiando mis exámenes.

VI. Commencement

On distingue *commencer à* et *commencer par*

1. *Commencer à* se rend par **comenzar a, empezar a, ponerse a** ou par **echarse a** *(se mettre à)* suivis d'un infinitif.

Ex. : *il se mettait à étudier trop tard*
se ponía/echaba a estudiar demasiado tarde

2. *Commencer par* se traduit par **comenzar por, empezar por** suivis d'un infinitif.

Ex. : *nous commencions par lire une page de Cervantès*
   comenzábamos por leer una página de Cervantes.

VII. Répétition

On peut considérer la répétition comme un aspect. On lira le chapitre 73 consacré à ce sujet.

→ UNOS MODISMOS CON SER Y ESTAR

Il sait ce qu'il dit : **Está en sí.**
Elle veillait à tout : **Estaba en todo.**
On est d'accord ? : **¿ Estamos ?**
Tu es dans le vrai : **Estás en lo cierto.**
Ça y est : **Ya está.**
Ils étaient à couteaux tirés : **Estaban a matar.**
Je ne suis pas d'humeur à plaisanter : **No estoy para bromas.**
C'est une poule mouillée : **Es un(a) gallina.**
Elle fait la sainte-nitouche : **Es una mosquita muerta.**
C'est une affaire très lucrative : **Es una viña.**
Il est solide comme un roc : **Es de cal y canto.**
C'est un talent en herbe : **Es un diamante en bruto.**
Il est gai comme un pinson : **Está como unas pascuas.**

<u>Durée</u>	*Etre en train de* *Etre occupé à*	**Estar** + gérondif **Quedar(se)** + gérondif
<u>Progression</u>		**Ir** + gérondif **Andar** + gérondif **Venir** + gérondif Verbes de mouve- ment + gérondif
<u>Futur récent</u>	*Aller* *Etre sur le point de*	**Ir a** + infinitif **Estar a punto de** + inf.
<u>Passé proche</u>	*Venir de*	**Acabar de** + infinitif
<u>Continuité</u>	*Continuer à*	**(Pro)seguir** + gérondif **Continuar** + gérondif **Llevar** + gérondif
<u>Commencement</u>	*Commencer à*	**Comenzar a** + infinitif **Empezar a** + infinitif **Ponerse a** + infinitif **Echarse a** + infinitif
	Commencer par	**Comenzar por** + infinitif **Empezar por** + infinitif

**HABER, SEUL AUXILIAIRE
DE TEMPS**

> **Haber** est le seul auxiliaire qui permette de former
> des temps composés. L'espagnol l'emploie beau-
> coup moins souvent que le français.

Contrairement au français qui emploie *avoir* et *être*
pour former les temps composés, l'espagnol n'utilise
que l'auxiliaire **haber** pour les former.

On se gardera donc de traduire *il est tombé* par * **es
caído** ou par * **está caído** mais bien par **ha caído** !

De même, les verbes réfléchis français aux temps
composés se forment avec l'auxiliaire *être* et avec **haber**
en espagnol.

Ex. : *je me suis beaucoup amusé*
　　　me he divertido mucho.

On sait aussi que le participe passé employé avec **haber**
ne s'accorde jamais en espagnol.

On ne peut couper l'auxiliaire **haber** de son participe
passé comme on le fait en français.

Ex. : **he comido bien**
　　　j'ai bien mangé.

On pourra toutefois intercaler le pronom enclitique
entre **haber** et son participe passé.

Ex. : *je ne pense pas l'avoir dit*
　　　no pienso haberlo dicho.

La forme **hubiera** est souvent préférée à la forme **habría**
pour le conditionnel d'**haber** selon les modalités expli-
quées au chapitre du conditionnel.

On se souviendra enfin que la troisième personne du
singulier du verbe **haber** sert à exprimer *y avoir* à tous

les temps. Seul l'indicatif présent ajoute un **-y** à la troisième personne (**hay**).

Il est surtout important de savoir que les Espagnols utilisent beaucoup moins **haber** que les francophones n'utilisent l'auxiliaire *avoir*. Ce peu de goût pour les temps composés explique en partie pourquoi les Espagnols utilisent beaucoup plus le passé simple que le passé composé.

Des formes comme **hubo dejado** (passé antérieur) n'existent plus que dans la langue littéraire. Le conditionnel passé est remplacé, de plus en plus, par d'autres formes verbales.

Il ne faudra donc pas s'évertuer à traduire les passés simples espagnols par des passés simples français, souvent pédants aujourd'hui.

On sait que, dans le sens de *posséder,* les Espagnols traduisent *avoir* par **tener** qui ne peut plus, aujourd'hui, s'employer comme auxiliaire, alors que cet emploi était possible dans l'ancienne langue.

On ne s'étonnera donc pas de lire, sous la plume d'auteurs comme Cervantès, des phrases comme **Ya tengo aprendida la lección** = *j'ai déjà appris la leçon* où l'on aura constaté l'accord du participe passé avec le C.O.D. On dirait, bien sûr, aujourd'hui, **ya he aprendido la lección**. Mais la langue parlée garde cet usage de **tener**.

→ UNOS MODISMOS CON HABER

N.B. Les hésitations, dans l'ancienne langue, entre **haber** et **tener** ont laissé quelques expressions où **haber** joue le rôle que devrait tenir **tener**.

ha lugar por la tarde	*cela a lieu l'après-midi*
más vale saber que haber	*mieux vaut savoir qu'avoir*
madruga y verás, trabaja y habrás	*lève-toi tôt et tu verras, travaille et tu auras.*

EMPLOIS DE SER
OU DE ESTAR AU PASSIF

> **Ser** est le seul auxiliaire du passif. On l'emploie si le passif exprime une action tandis qu'**estar** s'emploie dans le cas de « faux » passif, pour marquer un état.

Une phrase comme **la puerta está abierta** ne peut être considérée comme une vraie phrase passive puisqu'il est impossible de la mettre à l'actif tandis que **la puerta es abierta por el alumno** est bien une phrase passive puisqu'on peut la remettre à l'actif : **el alumno abre la puerta.**

En conséquence :

1. **Ser** est le seul auxiliaire du passif. On l'emploie lorsque le verbe être + participe passé est suivi d'un complément d'agent (personne ou chose) introduit par *par*. Ce complément d'agent peut être exprimé ou sous-entendu.

Ex. : — *il a été choisi par ses amis*
   fue elegido por sus amigos
— *les feuilles ont été arrachées par le vent*
   las hojas fueron arrancadas por el viento
— *il a été élu président* = **fue elegido presidente**
   (il est évident qu'il fut élu par quelqu'un).

2. Le problème se pose lorsque *être* + participe passé n'est pas suivi d'un complément d'agent.

a) on envisage l'action en train de se faire : **ser.**

Ex. : *l'innocent a été arrêté* =**el inocente fue detenido.**

b) on envisage le résultat de l'action : **estar.**

Ex. : *l'innocent est arrêté*
   el inocente está detenido (équivaut à un adjectif).

«Trucs»

- la présence de temps du passé (passé simple, passé composé, plus-que-parfait et passé antérieur) impose l'emploi de **ser**;

- un complément circonstanciel entraîne l'emploi de **estar**.

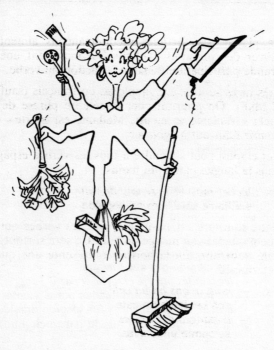

Estaba en todo

Elle veillait à tout

Pièges **34** et **55**

LE DATIF ÉTHIQUE

> Les Espagnols emploient, beaucoup plus que les Français, des pronoms explétifs du genre *je me le mange.*

La plupart des peuples méditerranéens aiment employer des pronoms explétifs qui marquent une plus grande participation du sujet à l'action du verbe.

Très rares sont les cas employés en français (sauf dans le Midi). On pourrait citer la célèbre phrase de Bossuet : « Madame se meurt, Madame est morte » où *se mourir* équivaut à agoniser.

Cet emploi peut s'étendre à tous les verbes espagnols, dans la langue parlée du moins.

Ex. : *lâche(-moi) ce livre tout de suite*
suéltame este libro en seguida

Cette tournure est fréquente avec les verbes qui indiquent que le sujet mange ou boit. Ce sera surtout le cas si la nourriture ou la boisson représente une quantité déterminée.

Ex. : — *nous avons bu un café*
nos bebimos un café
— *il mangea des raisins*
se comió unas uvas.

On notera, par contre, que la langue parlée contemporaine tend à supprimer le réfléchi, sauf avec **beber** et avec **comer,** sans doute par paresse.

Ex. : *Marie s'entraîne tous les jours une demi-heure*
María entrena todos los días media hora
pour **María se entrena.**

TRADUCTIONS
DE LA PRÉPOSITION À

1. Avec les compléments circonstanciels de lieu

a) avec mouvement, pour marquer la direction, l'espagnol emploie **a**.

Ex. : *je vais à Paris* = **voy a París**.

b) pour marquer la situation, l'espagnol emploie **en**.

Ex. : *je suis à Madrid* = **estoy en Madrid**.

Mais on emploie encore **a** pour marquer la distance par rapport à l'endroit où l'on se trouve.

Ex. : *nous sommes à dix km de Madrid*
    estamos a diez kilómetros de Madrid.

2. Avec les compléments circonstanciels de temps

Pour indiquer l'heure, l'espagnol emploie **a** suivi de l'article défini, féminin singulier (avec **una**) ou pluriel (dans les autres cas) sauf pour *midi* et *minuit*.

Ex. : *je vous verrai à trois heures* = **os veré a las tres**
    Mais : *il était ici à midi* = **estaba aquí a mediodía**.

L'espagnol emploie **en** pour indiquer l'époque pendant laquelle une chose existe.

Ex. : *à notre époque* = **en nuestra época**.

Il emploie **en** ou **para** pour indiquer l'époque où une chose se fera.

Ex. : *je viendrai à Noël* = **vendré para/en Navidad**.

3. Avec les compléments circonstanciels de manière

Ex. : *parler à haute voix* = **hablar en alta voz**.

4. Avec les compléments circonstanciels de destination

Ex. : *maison à vendre* = **casa para vender** *à côté de* **se vende casa**.

5. Avec les compléments circonstanciels de matière, d'instrument

Ex. : écrire à l'encre = **escribir con tinta**
fermer à clé = **cerrar con llave.**

6. Avec les compléments qui indiquent une caractéristique

Pour le type *l'homme à la jambe de bois,* on lira le chapitre 43.

7. Pour marquer la possession

Ex. : *ce livre est à mon frère* = **este libro es de mi hermano.**
Parce qu'il s'agit d'une autre façon de dire **es el libro de mi hermano.**

8. Devant infinitif

Trois cas sont à envisager :

a) derrière un verbe

Ex. : *donner à boire* = **dar de beber.**

b) derrière nom ou pronom

Ex. : *une lettre à écrire* = **una carta que escribir**
ou *une bouteille à ouvrir* = **una botella por abrir**
quelque chose à faire = **algo que hacer.**

9. Pour marquer le mélange de deux substances

Ex. : *café au lait* = **café con leche.**

10. Dans les expressions à la (= à la manière de)

Ex. : *filer à l'anglaise* = **despedirse a la inglesa.**

TRADUCTIONS
DES ADJECTIFS NUMÉRAUX

> Les numéraux cardinaux ou ordinaux posent peu de problèmes en espagnol. On songera surtout aux formes contractées de 16 à 29 ainsi qu'à 700 et 900.

1. Cardinaux

On n'oubliera pas les apocopes de **uno** et **ciento** (voir chapitre 19). On songera aussi que **siete** devient **setecientos (-as)** et que **nueve** devient **novecientos (-as)**.

La conjonction **y** doit se trouver entre toute dizaine et unités mais <u>jamais</u> entre centaine, mille et unité.

Ex. : **treinta y siete** (37) mais **ciento tres** (103), **mil dos**.

De 16 à 29, il est plus fréquent d'écrire aujourd'hui **veintiuno** que **veinte y uno**. Il faudra écrire l'accent sur **dieciséis, veintiún** (forme apocopée de **veintiuno**), **veintidós, veintitrés** et **veintiséis**.

500 se dit **quinientos (-as)** et non *****cincocientos**!

Un millón et **un billón** *(milliard)* sont des <u>noms</u>, pas des adjectifs. Ils varieront donc en nombre : **dos milliones, tres billones** et seront suivis de **de (un millón de pesetas)**.

2. Ordinaux

Hormis les dix premiers (**primero** [qui apocope], **segundo, tercero** [qui apocope], **cuarto, quinto, sexto, séptimo, octavo, noveno, décimo**), les Espagnols emploient les adjectifs numéraux <u>cardinaux</u> postposés aux noms.

Ex. : **el piso veinte** = *le vingtième étage*.

3. Calcul

Les quatre opérations se formulent de la façon suivante :

uno y (más) dos son (igual a) tres : *un et deux font trois;*
tres menos uno igual a dos : *trois moins un font deux;*
tres por dos son doce : *trois fois deux font douze;*
ochenta, entre veinte, a cuatro : *quatre-vingts divisés par vingt font quatre.*

> *Aimer* se traduit par **querer** s'il s'agit par de person-
> nes et **gustar** s'il s'agit de choses.

Comme en anglais, l'espagnol traduit le verbe *aimer* de
deux façons :

1. Aimer des êtres

Pour les êtres, il emploie le verbe **querer** qu'on fera
suivre de la préposition **a** si le complément est un
complément direct de personne, ce qui sera le cas le
plus fréquent.

Ex. : **quería a su madre**
    il aimait sa mère.

2. Aimer des choses, aimer + infinitif

Dans le cas d'aimer des choses ou si le verbe *aimer* est
suivi d'un infinitif, l'espagnol emploie le verbe **gustar**
qui signifie *plaire* et est impersonnel.

Il faudra donc mettre :

a) le verbe au singulier ou au pluriel en fonction du
C.O.D. français devenu sujet du verbe **gustar**.

Ex. : *j'aime les musées*
    devient « les musées me plaisent »
    → **me gustan los museos**

b) le pronom sujet français au C.O.I. en espagnol.

Ex. : *nous aimions nous promener au Prado*
    devient « il nous (à nous) plaisait de nous... »
    → **nos gustaba pasear en el Prado.**

Si le français insiste sur le sujet, il faudra employer le pronom C.O.I. fort après **a** en espagnol et le mettre en tête de phrase.

Ex. : *Moi je n'aime pas la paëlla*
Devient : « A moi, la paëlla ne plaît pas »
→ **A mi no me gusta la paela.**

¿ Impuestos = imposición ?

Impôts = exigence démesurée ?

Piège **11**

TRADUCTIONS DE
L'APPROXIMATION NUMÉRIQUE

1. En matière d'heures

Vers se traduit par **hacia, a eso de** ou par **sobre**.

Ex.: *vers sept heures* = **a eso de (hacia** ou **sobre) las siete.**

Près de, environ se traduit par **como, cerca de, alrededor de** ou **sobre.**

Ex.: *près de (environ) deux heures*
    como (cerca de, alrededor de ou **sobre) tres horas.**

et quelques...: cette expression, qui appartient surtout à la langue parlée, se rend en espagnol par **y pico** qui appartient aussi à la langue parlée.

Ex.: *deux heures et quelques...* = **dos horas y pico.**

2. Les nombres

a) *quelque* signifiant *environ,* invariable en français devant un nombre, varie en espagnol.

Ex.: *il possédait quelque cent livres*
    poseía <u>unos</u> cien libros.

On peut aussi rendre *quelque, environ* par **como, cerca de, alrededor de.**

Ex.: *quelque (environ), cinquante femmes*
    como (cerca de, alrededor de) cincuenta mujeres.

b) *et quelques...* se rend par **y pico** comme pour les heures.

Ex.: **diez mil y pico de francos**
    dix mille francs et quelques.

c) Pour le suffixe *-aine (dizaine...)* on lira le chapitre 22.

> L'attitude est introduite par **con** en espagnol alors
> qu'on n'emploie pas de préposition en français.

La plupart des langues utilisent une préposition du sens
de *avec* pour introduire des compléments d'attitude.
Songeons à l'anglais « With his hands in his pockets ».

L'espagnol procède de même et introduit tout complément d'attitude par la préposition **con**.

Ex. : *le doigt dans la bouche*
    con el dedo en su boca.

Il faudra donc veiller à ne pas oublier cette préposition
lorsque l'on traduit du français et, surtout, éviter de
traduire la phrase par « **avec le doigt dans la bouche* »!

On assimilera à ces compléments d'attitude tout
complément marquant la tenue, la façon de se présenter ainsi que l'attitude non seulement physique mais
morale.

Ex. : — *les soldats marchaient, le capitaine en tête*
      los soldados andaban con su jefe a la cabeza
    — *il nous parla, la voix émue*
      nos habló con voz conmovida.

Dans certains cas, plus littéraires, on peut omettre la préposition **con** à condition d'inverser l'ordre nom-adjectif

Ex. : *elle les regardait la tête haute* = **los miraba, alta la cabeza.**

On trouvera surtout cette tournure dans des cas où le substantif correspond à une partie du corps du type **altiva la
mirada,** *le regard hautain;* **desnudo el pecho,** *la poitrine nue;*
sudorosa la cara, *le visage en sueur…*

43 TRADUCTIONS
DE LA CARACTÉRISATION

> La caractérisation, qui s'opère toujours en français avec la préposition *à*, s'exprime avec **con** si la caractéristique est passagère, avec **de** si elle est permanente.

Le français n'utilise que la préposition *à* pour caractériser un être ou une chose. Songez à *l'homme aux lunettes d'or* ou à *l'homme à la jambe de bois*.

L'espagnol introduit une distinction entre les deux exemples.

1. **Traduction par con** = caractérisation temporaire.

L'espagnol traduit le premier exemple par **el hombre con gafas de oro** parce que cet homme peut changer la monture de ses lunettes !

La traduction de la caractérisation temporaire par **con** dépend parfois de la subjectivité de la personne qui parle.

2. **Traduction par de** = caractérisation permanente.

Il traduit le deuxième exemple par **el hombre de la pata de palo** parce que cette caractéristique est, hélas, immuable.

On trouvera, dans certains cas, l'emploi de **de** pour des caractéristiques temporaires comme dans **el de la barba** = *celui qui porte la barbe*. Il est évident qu'il peut la couper !

La caractérisation permanente peut aussi s'exprimer à l'aide de constructions du type adjectif + de + substantif (ce dernier exprimant toujours une partie du corps).

Ex. : *au teint brun, brun de (quant au) teint* = **moreno de tez**.

On omet toujours l'article défini, dans ces cas, après **con**, jamais avec **de**.

Vous aurez noté le parallèle avec l'emploi de **ser** ou de **estar** devant adjectif.

¡Planchado, no repasado!

Repassé, non relu!

Piège **19**

TRADUCTIONS DE
C'EST... QUI, C'EST... QUE

La traduction de *c'est... qui/que* est moins utilisée qu'en français dans la langue parlée.

A. Le nom ou le pronom sont sujets

1. Accord du verbe

a) avec le sujet

C'est moi qui se traduit par **soy yo quien** et ainsi de suite. Donc, *c'est nous qui* se traduira par **somos nosotros quienes.**

Si l'on renforce un pronom, le verbe se met souvent à la troisième personne du singulier.

Ex. : *c'est moi qui le dis* = **soy yo quien lo digo** ou **soy yo quien lo dice.**

b) avec le verbe principal

C'est... qui se mettra au temps du verbe principal.

Ex. : *c'est moi qui parlais*
<u>**era yo quien hablaba**</u>

On pourra néanmoins laisser le verbe au présent de l'indicatif si le verbe principal se trouve au passé composé, au futur (simple ou antérieur) ou au conditionnel.

Ex. : *c'est nous qui irons* = **somos nosotros quienes iremos** ou **seremos nosotros...**

Si le verbe principal est au plus-que-parfait, **ser** peut se mettre à l'imparfait.

Ex. : *c'était elle qui avait appelé* = **era** (ou **había sido**) **ella quien había llamado**.

2. Le pronom relatif

Se traduit par **quien(es)** s'il s'agit de personnes et par **el/los/la(s) que**, s'il s'agit de choses ou de personnes.

Ex. : *c'est la colère qui le fait parler*
la ira es la que lo hace hablar.

Si la « chose » est neutre, on dit **(esto/eso) es... lo que**.

Ex. : *c'est ce qui le retient ici* = **es lo que lo retiene aquí**.

B. Le nom ou le pronom sont C.O.D.

Si le nom ou le pronom représentent une chose, on procédera comme ci-dessus, mais si le pronom représente une personne, **quien** et **el que** devront être précédés de la préposition **a**.

Ex. : *c'est moi qu'il appelle* = **es a mí a quien llama**.

Il en ira de même si le nom ou le pronom représentent des personnes et sont C.O.I., à la différence près que les prépositions seront celles régies par le verbe.

Ex. : *c'est à lui qu'elle pense* = **es en él en quien piensa**.

C. L'expression renforcée est complément circonstanciel

1. De lieu : es a/de/en/por ou para donde.

Ex. : *c'est là que nous habitons* = **es en donde vivimos**.

On ne dira que **donde** non précédé de préposition si le complément circonstanciel de lieu est introduit par d'autres prépositions ou locutions prépositives.

Ex. : *c'est près de Tolède que nous habitons* = **cerca de Toledo es donde vivimos;**
vivimos cerca de Toledo est, toutefois, beaucoup plus fréquent.

2. <u>De temps</u> : **es... cuando**

Ex. : *c'est alors que je partis* = **entonces fue cuando salí.**

3. <u>De manière</u> : **es... como**

Ex. : *C'est ainsi que je l'ai vu* = **así fue como lo vi.**

4. <u>De cause</u> : **es... por lo que.**

Ex. : *c'est pour ça que je t'écris*
es por eso por lo que te escribo.

5. <u>De but</u> : **es... para lo que**

Ex. : *c'est pour ça qu'il travaille*
para eso es para lo que trabaja.

> *Chez* n'a pas d'équivalent exact en espagnol.
> On le traduira par **casa** précédé de la préposition requise s'il s'agit du domicile; par **entre** si *chez* signifie *parmi;* par **en** ou **con** si *chez* s'applique à un individu.

1. *Chez* signifie « *dans la maison de* » : il faudra utiliser le mot **casa** précédé de la préposition ad hoc.

Ex. : — *je vais chez mes amis*
  voy a casa de mis amigos
— *je suis chez mes parents*
  estoy en casa de mis padres
— *il vient de chez sa sœur*
  viene de casa de su hermana.

On notera que **a casa, de casa** et **en casa** n'admettent pas l'article défini.

Pour rendre *chez moi, chez toi...* on devra utiliser l'adjectif possessif devant le mot **casa** sauf s'il s'agit du domicile du sujet de la phrase.

Ex. : *je passe beaucoup de temps chez toi*
  paso mucho tiempo en tu casa.

2. *Chez* signifie « *parmi* » : on le rendra par **entre**.

Ex. : *il y a eu beaucoup de baroques chez les Espagnols*
  hubo muchos barrocos entre los españoles.

3. *Chez* signifie « *dans* ou *en* » devant (pro)nom ou prénom de personne : on le traduira par **en**.

Ex. : *je trouve trop d'erreurs chez lui*
  encuentro demasiados errores en él.

TRADUCTIONS DE
UN COUP DE

L'expression « *un coup de* » se traduit par les suffixes **-ada** et **-azo** au sens propre et très souvent au sens figuré.

A. Le suffixe -ada

Vous ne devez pas traduire l'expression française « *un coup de* » par * **un golpe de** qui est senti comme un gallicisme mais bien en ajoutant le suffixe **-ada** au radical des mots.

Il en ira ainsi pour :

campana	→ **campanada**	: *coup de cloche*
cuchillo	→ **cuchillada**	: *coup de couteau*
cuerno	→ **cornada**	: *coup de corne* (de taureau)
diente	→ **dentada**	: *coup de dent, morsure.*

On dira plus volontiers **dentellada** que **dentada** pour coup de dent, morsure.

estoque	→ **estocada**	: *coup d'estoc, estocade*
lanza	→ **lanzada**	: *coup de lance*
pata	→ **patada**	: *coup de pied*
puñal	→ **puñalada**	: *coup de couteau, de poignard.*

On utilisera la même tournure dans plusieurs cas où « *un coup de* » a un sens figuré.

un coup de cœur : una **corazonada** < **corazón**
un coup de filet : una **redada** < **red**
un coup d'œil : una **mirada** < **mira** ou **ojeada** < **ojo**
un coup de tête : una **cabezada** < **cabeza**
On dira aussi un **cabezazo** dans ce cas.

Comme ce suffixe porte l'accent sur le **a** de **-ada** et de **-azo**, les mots simples diphtongués perdront la diphtongaison comme on a pu le constater pour les mots **diente** et **cuerno**.

B. Le suffixe -azo

Si le coup est envisagé pour sa violence ou parce qu'il est asséné à l'aide d'une arme blanche ou d'une arme à feu, on utilisera plutôt le suffixe **-azo**.

1. Formation régulière

alabarda	→ alabardazo	:	*coup de hallebarde*
arpón	→ arponazo	:	*coup de harpon*
bastón	→ bastonazo	:	*coup de bâton*
bayoneta	→ bayonetazo	:	*coup de baïonnette*
botella	→ botellazo	:	*coup de bouteille*
cañón	→ cañonazo	:	*coup de canon*
culata	→ culatazo	:	*coup de crosse*
guante	→ guantazo	:	*soufflet (litt. coup de gant)*
hacha	→ hachazo	:	*coup de hache*
látigo	→ latigazo	:	*coup de fouet*
machete	→ machetazo	:	*coup de machette*
martillo	→ martillazo	:	*coup de marteau*
navaja	→ navajazo	:	*coup de couteau* (**navaja**)
pelota	→ pelotazo	:	*coup de balle*
sable	→ sablazo	:	*coup de sabre*

2. Formation irrégulière

manotazo ou manotada	: *claque*	< **mano**
palotazo ou palotada	: *coup de bâton*	< **palo**
picotazo ou picotada	: *coup de bec*	< **pico**
puñetazo	: *coup de poing*	< **puño**
tijeretazo ou tijeretada	: *coup de ciseaux*	< **tijeras**

→ FALSOS AMIGOS

Campana signifie *cloche; campagne* se dit **campo** ou **campiña** et **campaña** pour une campagne militaire ou électorale.
Pata signifie à la fois *patte* et *jambe* dans la langue familière.
Pelota est une *balle*; une *pelote* se dit **ovillo**.

Meter la pata signifie *mettre les pieds dans le plat*.
Salir con patas de gallo (littéralement *partir avec des pattes de coq*) signifie *dire des bêtises*.
Quant à **tener mala pata** (*avoir une mauvaise patte*), cela se dit pour *avoir de la malchance*.
Flechazo < **flecha** : *coup de foudre* (et non de flèche !).
Dar un sablazo < **sable** : *emprunter, « taper » quelqu'un*.

Sale con patas de gallo
Il dit des bêtises

Piège **57**

> *Dans* ne se traduit pas seulement par **en** mais aussi par **dentro de** si l'on veut dire *à l'intérieur de* ou *dans le laps de temps de*.
> On traduira *dans* par **por** s'il y a dispersion dans un lieu.

1. Dans les compléments circonstanciels de lieu

Dans se traduit la plupart du temps par la préposition **en** mais si *dans* signifie *à l'intérieur de,* il faudra rendre la préposition française par **dentro de**.

Ex. : *il n'y avait rien dans ce tiroir*
   no habia nada dentro de ese cajón.

En indique qu'il y a absence de mouvement. C'est la raison pour laquelle cette préposition accompagne le plus souvent le verbe **estar**.

S'il y a direction, on emploiera **a**. En cas de dispersion dans un lieu, il convient de traduire *dans* par **por**.

Ex. : *ils courent dans l'école* = **corren por la escuela.**

Comparez à *ils sont dans l'école* = **están en la escuela.**

On lit, surtout dans la presse sportive, **sobre** à la place de **a** : *la joueuse lance dans le panier* = **la jugadora tira *sobre la cesta.**

2. Dans les compléments circonstanciels de temps

On utilisera **dentro de** pour rendre l'idée de *dans le laps de temps de* qui correspond à l'archaïsme *endéans*.

Ex. : *la voiture sera ici dans une heure*
   el coche estará aqui dentro de una hora.

Dans marque ici le <u>délai</u>. On ne confondra pas cette notion avec celle de <u>durée</u> qui se rend, en français comme en espagnol par **en**.

Ex. : *j'ai étudié ma leçon en une heure*
   estudié mi lección en una hora.

TRADUCTIONS DE
DEPUIS, DES

> Le français dit seulement *depuis* là où l'espagnol emploie tantôt **desde**, tantôt **desde hace**.

1. Si *depuis* s'emploie devant un complément circonstanciel de lieu, il se traduit toujours par **desde**.

Ex. : *on peut voir toute la ville de(puis) la tour*
se puede ver toda la ciudad desde la torre.

Comme **desde** vient du latin « de ex de » (de hors de), il constitue un renforçatif de **de**. On rencontrera donc des cas où **desde** et **de** n'ont pas de valeur nettement différenciée, l'emploi de **desde** venant simplement renforcer l'idée qui pourrait être exprimée par **de**.

Ex. : *il y avait une foule qui venait de tous les quartiers*
había una muchedumbre que venía de(sde) todos los barrios.

2. C'est devant un complément circonstanciel de temps que les choses se compliquent un peu.

Si *depuis* a le sens de *à partir de, dès,* il se traduit par **desde**.

Ex. : *nous travaillons depuis le mois de juillet*
trabajamos desde el mes de julio.

Par contre, s'il signifie *depuis une période de,* on le traduira par **desde hace**.

Ex. : *nous voyageons en Espagne depuis un mois*
viajamos por España desde hace un mes.

En d'autres termes, **desde** insiste sur le moment d'origine, tandis que **desde hace** insiste sur la durée. On verra par ailleurs que **hace** *(ça fait)* signifie *il y a* devant un syntagme de temps. **Desde hace** signifie donc *depuis il y a.*

TRADUCTIONS DE
DE(PUIS) ... A

> Suite à ce que nous venons de voir au sujet de la traduction de, *de(puis), de ... à* ou *depuis ... à* peuvent se traduire par **de ... a** ou par **desde ... a.**

1. Si *de ... à* s'emploient pour des lieux, on peut les traduire par **de ... a,** ce qui correspond tout à fait au français.

Ex. : **recorría la ciudad de su casa a la iglesia**
il parcourait la ville de sa maison à l'église.

On emploiera **desde ... a** dans les cas où le français veut renforcer l'idée du point de départ.

Ex. : **hay 1.400 kilómetros desde Bruselas a Madrid**
il y a 1.400 kilomètres de Bruxelles à Madrid.

Mais, tout comme en français, si l'on insiste sur le point de départ, on insiste presque toujours aussi sur le point d'arrivée. On aura donc le plus souvent le schéma : *depuis ... jusqu'à* et en espagnol **desde ... hasta.**

Ex. : *il était difficile de monter d'ici jusqu'au sommet*
era difícil subir desde aquí hasta la cumbre.

2. On retrouve les mêmes schémas dans les compléments circonstanciels de temps.

Ex. : *il travaillait du lundi au samedi*
trabajaba del lunes al sábado.

On trouvera parfois le schéma **de hoy en adelante** avec le sens de *désormais* ou de *dorénavant.*

Ex. : *il payera moins d'impôts désormais*
de hoy en adelante pagará menos impuestos.

Selon que l'on voudra insister sur le point de départ ou sur le point d'arrivée, on emploiera **desde ... a** ou **de ... hasta.**

Ex. : — *du mois d'août jusqu'au mois de décembre*
      del mes de agosto hasta el mes de diciembre
    — *depuis le printemps jusqu'à l'hiver*
      desde la primavera al invierno.

> Hormis la traduction de *deux* par **dos**, on peut employer d'autres tournures comme **un par de, ambos...**

1. Un par de

Ne s'emploie que pour des « choses » ou des animaux, même s'ils ne constituent pas une paire.

Ex. : *j'ai passé deux semaines là-bas*
pasé un par de semanas allí.

2. Una pareja de

On emploiera cette tournure pour des personnes qui ont un point commun.

Ex. : *il y avait deux grands-parents sur le banc*
había una pareja de abuelos en el banco.

3. Ambos

Si des personnes ont déjà été mentionnées, on peut employer **ambos, ambas** qui équivalent à **los dos, las dos.**

Ex. : *mes sœurs étaient ensemble : toutes deux bavardaient*
mis hermanas estaban juntas : ambas charlaban.

Entrambos, entrambas qui étaient employés comme **ambos** sont rares aujourd'hui.

4. Los dos

Los dos, las dos s'emploient pour traduire *tous les deux, toutes les deux*. On ne dira donc pas * **todos los dos** !

Ex. : *tous les deux se promenaient en ville*
los dos paseaban por la ciudad.

5. <u>*Entre* + nom répété</u> = **entre** + nom + **y** + nom

Ex. : *entre deux classes* = **entre clase y clase**

MODISMO : una de dos = *de deux choses l'une.*

> *Devenir* n'a pas de traduction unique en espagnol.
> On le rendra, selon les cas, par **volver, ser ...**

Contrairement aux langues germaniques qui utilisent fréquemment l'équivalent du *devenir* français, les Espagnols n'ont pas de traduction pour ce mot.

On utilisera donc des verbes qui correspondent à la situation.

1. <u>Volverse</u>

Ex. : *il devenait fou* = **se volvía loco.**

Volver, qui s'emploie dans bien d'autres cas (pour marquer la répétition ou pour traduire *revenir*) traduit *devenir* s'il y a bouleversement de la personnalité.
L'homme, considéré comme sain d'esprit, devient fou, c'est-à-dire que se produit un bouleversement de tout son être.
Volverse ne s'emploie qu'avec des adjectifs.

2. <u>Hacerse, convertise en</u>

Ex. : *ils vieillissent, deviennent vieux* = **se hacen viejos**

Hacerse et **convertirse en** s'emploient, par contre, lorsque le changement est progressif, tout comme le français *se faire* (vieux, par exemple). Le verbe **hacerse** peut aussi s'utiliser si le changement est volontaire.

Ex. : *il devient élégant* = **se hace elegante.**

Hacerse est utilisable notamment avec les adjectifs qui se construisent avec **ser** (voir chapitre 55). **Convertirse** n'est utilisable qu'avec substantif.

Si **convertirse en** peut s'employer pour des personnes ou pour des choses, **transformarse en, cambiarse en** et **trocarse en** (qui diphtongue) peuvent traduire *devenir*, surtout pour des choses.

3. Ponerse devant adjectif

Ex. : *il devint furieux* = **se puso furioso.**

Ponerse s'utilise si le changement est passager. On ne l'emploie que devant adjectif, adverbe ou complément circonstanciel de manière. On l'emploie avec les adjectifs qui veulent le verbe **ser** (voir chapitre 55).

4. Ser précédé de venir a, llegar a, acabar por, terminar por

Ex. : *Cervantès devint un grand écrivain*
   Cervantes acabó por ser un gran escritor.

Dans ces cas, on envisage l'aboutissement d'une lente évolution, l'obtention d'un but longtemps recherché.

5. Resultar

Ex. : *Les livres deviennent chers* =
   Los libros resultan caros.

Resultar, qui peut presque toujours se traduire par le verbe *être*, marque, évidemment, le résultat d'une évolution.

6. Ser, pasar a ser, tornarse

Ex. : *Il voudrait devenir professeur* =
   Quisiera ser profesor.

Ser s'emploie si le « devenir » est permanent, définitif. Même nuance avec **pasar a ser** ou avec **tornarse** assez peu employés.

7. Meterse a

Ex. : *ces étrangers qui deviennent des toréros !*
¡ esos extranjeros que se meten a toreros !

Dénote une ironie à l'égard de soi-même ou d'autrui.

→ FALSOS AMIGOS

Convertirse traduit à la fois *devenir* et se *convertir*.
Tornar signifie *rendre; tourner* se traduit par **volver** ou par **hacer girar**.

> *Devoir* a deux sens en français : celui d'obligation, rendu par **tener que, haber de** ou par **deber** et celui de conjecture, rendu par **deber de** ou par **haber de**.

1. Sens d'obligation

Tener que est la forme la plus employée pour traduire le verbe *devoir* au sens d'obligation la plus catégorique.

Ex. : *tu dois voyager en Espagne pour apprendre la langue*
   tienes que viajar por España para aprender el idioma.

On peut aussi employer le verbe **deber** s'il n'y a pas nécessité ou s'il y a obligation morale.

Ex. : *tu dois lui parler*
   debes hablarle.

Haber de marque une obligation surtout morale mais facultative, voire une simple intention. Il correspond plus ou moins au français *avoir à*.

Ex. : *je dois le rencontrer*
   he de encontralo.

2. Sens conjectural

Au sens conjectural, l'espagnol employait **deber de** jusqu'au début du XXe siècle mais à présent on se contente d'employer **deber** non suivi de la préposition **de,** ce qui est vivement condamné par les puristes et par la Real Academia.

Ex. : **debe (de) ser tarde**
    il doit être tard.

L'Espagnol préfère de loin rendre la conjecture par le futur ou par le conditionnel qui ont le mérite d'alléger les phrases (voir chapitre 88).

Largo, ancho

Long, large

Piège **19**

Dont peut se traduire par **de(l) que**, **de quien** ou **del cual**. *Dont le* se traduit **cuyo**.

---

1. Traductions de *dont*

a) devant un nom de nombre ou un pronom indéfini

Dont se traduira par **de ellos**, **de ellas**, **de los cuales**, **de las cuales**, **de los que** ou **de las que**.

Ex. : *Je vois beaucoup de personnes dont l'une me semble bizarre* (littéralement : *l'une d'elles me semble...*)
Veo a muchas personas, una de ellas me parece rara.

b) dans les autres cas

Dont se traduit par **del que**, **de quien** ou par **del cual**.

Ex. : *l'homme dont je parle*
El hombre del que (ou **de quien** ou **del cual**) **hablo.**

Les trois mots varient en genre et/ou en nombre.

Ex. : **los hombres de quienes hablo**
la mujer de la que hablo
las mujeres de las cuales/de las que hablo

Les trois traductions valent uniquement pour les personnes. On emploie **de que** pour les choses, jamais **de quien**.

2. Traduction de *dont le*

Si *dont le* a pour antécédent un nom, on le traduit par **cuyo** qui variera en genre et en nombre <u>non pas avec l'antécédent</u> comme c'est le cas pour les pronoms relatifs français, mais avec le mot que **cuyo** précède immédiatement. **Cuyo** s'accorde avec la chose possédée et non avec le possesseur.

Ex. : *l'homme dont le chien aboie*
    el hombre cuyo perro ladra.

    mais *l'homme dont les chiens aboient*
    el hombre cuy<u>os</u> perro<u>s</u> ladran.

> On le rendra par des pronoms de la troisième per-
> sonne précédés de prépositions dans les partitifs.
> *En* adverbe ne se traduit pas sauf si l'idée de lieu
> est indispensable au sens de la phrase.
> Il se traduit alors par un adverbe de lieu.
> *En* préposition se traduit par **en** sauf après verbes
> de mouvement et dans certains compléments cir-
> constanciels.

A. *En* pronom

1. Le pronom *en* ne se traduit pas en espagnol si cette
absence n'entraîne pas d'ambiguïté.

Ex. : *Vous me demandez si j'ai des livres français. J'en
ai mille.*
Me pregunta si tengo libros franceses. Tengo mil.

2. On pourra employer **de** suivi d'un pronom démonstratif si *en* se trouve dans des expressions partitives.

Ex. : *il mangeait beaucoup de calmars mais nous en
mangions moins.*
**Comía muchos calamares pero nosotros comía-
mos menos (de ellos).**

Si *en* est complément partitif, on le rendra par les
pronoms de la troisième personne.

Ex. : *Rapportez-moi des cartes postales si vous en trou-
vez.*
Tráigame unas postales si las encuentra.

3. On utilisera une préposition suivie d'un pronom de la
troisième personne ou d'un pronom démonstratif neutre

si *en* est complément d'un verbe (sauf complément partitif), d'un adjectif ou d'un nom.

Ex. : — *Je m'en souvenais.*
   Me acordaba de eso.
— *Il en était très satisfait.*
   Estaba muy satisfecho con ellos.

Dans ce cas, on pourra aussi traduire par l'adjectif possessif.

Ex. : *Il ne peut en être l'auteur = son auteur.*
   No puede ser su autor.

On traduira *en... (tout) autant* par **otro tanto** qui s'accordent avec le terme qu'ils représentent.

Ex. : *Nous avons bu deux bouteilles de limonade et nous en boirons autant aujourd'hui.*
   Bebimos dos botellas de gaseosa y hoy beberemos otras tantas.

B. *En* adverbe

Si l'idée de lieu est indispensable au sens de la phrase, on utilisera un adverbe de lieu précédé ou non d'une préposition, notamment après les verbes **venir, volver, salir...**)

Ex. : *J'en viens.*
   Vengo de allí.

C. *En* préposition

Comme préposition, *en* se rendra presque toujours par **en.**

Exceptions :

1. Après verbes de mouvement : **a**

Ex. : *Aller en Angleterre* = **Ir a Inglaterra**
   Traduire en espagnol = **Traducir al español.**

2. Dans les compléments circonstanciels de matière :
de

Ex. : *une montre en argent* = **un reloj de plata.**

3. La manière dont une personne est vêtue : **de**

Ex. : *s'habiller en torero* = **vestirse de torero.**

4. Pour exprimer un laps de temps limité :
v. chapitre 47.

5. Pour rappel : le gérondif se traduit toujours par *en*
+ participe présent.

> Le verbe *être* peut se traduire par **ser, estar** et même par l'auxiliaire **haber**.

1. Par haber

L'auxiliaire **haber** étant le seul auxiliaire des temps du passé, on devra l'employer pour traduire *être* dans deux cas.

a) Verbes d'état ou de mouvement

Ces verbes se conjuguent en français, aux temps du passé, avec l'auxiliaire *être*.

Ex. : *il est allé* = **ha ido**.

b) Verbes employés à la forme pronominale

Eux aussi se conjuguent avec *être* aux temps du passé.

Ex. : *elle s'était lavée* = **se había lavado**.

2. Par estar

L'idée fondamentale à retenir tient à l'origine du verbe **estar**. Venu de *stare* latin, ce verbe continue à signifier se *trouver*. Dans la majorité des cas, il faudra penser à ce sens pour ne plus hésiter entre **ser** et **estar**.

Ex. : *Les Alpes sont en Suisse* = *se trouvent* →
    Los Alpes están en Suiza et non * **son en Suiza** !

Partant de ce principe, on pourra comprendre pourquoi il faut employer **estar** et non **ser** dans le cas de « faux » passifs.

Ex. : *la porte est fermée* = **la puerta <u>está</u> cerrada.**

Elle « se trouve » fermée. C'est son état. Alors que l'on dira **la puerta <u>es</u> cerrada por el director.**

C'est aussi la raison pour laquelle on emploie tantôt **estar**, tantôt **ser** avec la plupart des adjectifs. Avec le premier verbe, on montre que l'on attribue une qualité passagère, transitoire.

Ex. : *le sol est blanc* = **el suelo <u>está</u> blanco.**

Il ne s'agit pas de sa nature, il est devenu blanc parce qu'il a neigé, par exemple, ou que l'on a renversé de la peinture blanche.

Ex. : *le sol est blanc* = **el suelo <u>es</u> blanco.**

Il s'agit d'un sol calcaire. Il est blanc par nature.

C'et toujours pour cette raison que l'on emploie exclusivement **estar** avec le gérondif.

Solo ne s'emploie qu'avec **estar.**

3. Par ser

En principe, **ser** s'emploie dans les autres cas. Nous venons de le voir pour les adjectifs. On pourra en dire autant pour tout ce qui est théoriquement immuable, comme la nationalité, le sexe, la profession...

Ex. : *il est français, professeur...* = **es francés, profesor.**

On emploiera aussi **ser** dans les expressions impersonnelles.

Ex. : *c'est impossible* = **es imposible.**

Notez que l'on ne traduit jamais le *ce* ou le *c'* de ces expressions impersonnelles et notez aussi la seule exception.

C'est bien = **<u>está</u> bien** car on n'emploie pas **ser** + adverbe.

Feliz, dichoso et **venturoso** (*heureux*) et leurs contraires **infeliz, desdichado, desventurado, desgraciado** ou **des-dichoso** (*malheureux*) ne s'emploient qu'avec **ser.** Si l'on veut montrer que le bonheur ou le malheur est passager, on emploiera **contento, satisfecho** ou leur contraire **descontento** avec le verbe **estar.**

Ex. : *il est heureux =* **es feliz**
je suis heureux de te voir =
estoy contento de verte.

Mais **rico** et **pobre** qui marquent pourtant des états transitoires, ne s'emploient qu'avec **ser.** Il en va de même avec **cierto, evidente, indudable** et **notorio** (*certain* et assimilés); **posible, probable, imposible** et **improbable** (*possible* et assimilés + contraires); **necesario, preciso** pour traduire *falloir).*

4. Par ser ou par estar avec changement de sens

Avec certains adjectifs, le sens changera selon qu'on les emploie avec **ser** ou avec **estar.**

ADJECTIF	SENS AVEC SER	SENS AVEC ESTAR
alto	*grand*	*haut*
atento	*attentionné*	*attentif*
bajo	*petit*	*bas*
borracho	*ivrogne*	*ivre*
bueno	*bon*	*bien portant*
		bon (pour un repas)
cansado	*fatiguant, ennuyeux*	*fatigué*
ciego	*aveugle*	*aveugle, aveuglé*
delgado	*mince*	*maigre, amaigri*
enfermo	*maladif (toujours)*	*malade (actuellement)*
listo	*malin*	*prêt*
loco	*aliéné*	*fou passagèrement*
malo	*mauvais*	*malade*
nuevo	*nouveau, récent*	*en bon état*
vivo	*vif*	*vivant*

5. Ser ou estar + prépositions

PREP. +		SENS AVEC SER	SENS AVEC ESTAR
A			date (1)
Con	Nom		disposition (2)
De	(Pro)nom	possession (3)	fonction (4)
		caractéristique (5)	occupation (6)
		appartenance (7)	état temporaire (8)
		matière (9)	
		origine (10)	
		moment (11)	
	Infinitif	nécessité (12)	
	Adjectif		cfr. fr. *être de* (13)
Para	Nom	destination (14)	= *disposé à* (15)
	Infinitif	= *convient à* (16)	= *prêt à* (17)
Por	Nom		= *favorable à* (18)
	Infinitif		imminence (19)

Exemples

1. **estamos a 8 de junio** = *nous sommes le huit juin*
2. **estoy con ánimo de hacer** = *je suis disposé à faire*
3. **este libro es de mi hermano** = *ce livre est à mon frère*
4. **mi tío estaba de profesor** = *mon oncle était professeur*
5. **este revolver es de policía** = *c'est un revolver de policier*
6. **estoy de veraneo** = *je suis en vacances*
7. **es de la cofradía de ...** = *il est de la confrérie de ...*
8. **está de moda** = *elle est à la mode*
9. **este reloj es de oro** = *cette montre est en or*
10. **es de Bruselas** = *il est de Bruxelles*
11. **es de día** = *il fait jour*
12. **era de temer** = *c'était à craindre*
13. **estás de un vago** = *tu es d'une fainéantise*
14. **es para Ud.** = *c'est pour vous*
15. **no estaba para burlas** = *je n'étais pas d'humeur à blaguer*
16. **este vino es para beberlo** = *ce vin est à boire*
17. **estamos para irnos** = *nous sommes prêts à nous en aller*
18. **estoy por este alacalde** = *je suis pour ce maire*
19. **es algo por suceder** = *il va se passer quelque chose.*

→ FALSOS AMIGOS

Alto signifie *grand* et *haut* mais aussi *halte, pause.*
Enfermo veut dire *malade, enfermé* se traduit par **encerrado.**
Listo traduit *prêt* ou *malin. Liste* se traduit par **lista.**
Loco veut dire *fou.* Une *loco(motive)* se dit **locomotora.**

→ UNOS MODISMOS CON SER O ESTAR

No estar en sí = *Ne pas être dans son assiette*
Estar en todo = *Veiller à tout*
¿ Estamos? = *C'est d'accord?*
¿ En qué estábamos? = *Où en étions-nous restés?*
Está en lo cierto = *Il est dans le vrai*
Ya está = *Ça y est*
Estar a matar = *Etre à couteaux tirés*
Eso es tuyo = *C'est à toi*
¿ Cómo fue eso? = *Comment cela s'est-il produit?*
Es decir = *C'est-à-dire*
Sea lo que sea/fuere (subj. fut.) = *quoi qu'il en soit.*

> *Faillir* n'a pas d'équivalent exact en espagnol. On rendra ce verbe par **por poco** ou par certaines expressions.

1. Por poco

Est de loin la façon la plus courante de rendre le verbe *faillir*. Le verbe espagnol se met généralement à l'indicatif présent, plus rarement à l'indicatif imparfait ou au conditionnel.

Ex. : *J'ai failli tomber* = **por poco me caigo.**

2. A pocas, punto menos, a poco (más), de poco, casi, casi casi

Sont d'autres tournures beaucoup moins employées sauf **casi.**

Ex. : *J'ai failli ne pas venir* = **casi no habría venido.**

3. Poco faltó, nada faltó para que, estar en nada de, estar a punto de, estar a pique de, estar para

Peuvent aussi rendre *faillir* mais très rarement parce que trop lourdes de construction sauf **estar a punto de.**

Ex. : *il faillit tomber* = **estuvo a punto de caer.**

Dans ces cas, l'infinitif ou la concordance des temps sont de rigueur.

Ex. : *il faillit rater le train*
   nada faltó para que perdiera el tren.

Faire se traduit toujours par **hacer** sauf suivi d'un infinitif où il faudra employer des verbes plus précis.

1. Suivi d'un verbe à l'infinitif autre que *faire*

Il peut être supprimé.

Ex. : *il fait relier ses livres en Espagne*
    (hace) encuaderna(r) sus libros en España.

2. Suivi de *faire*

Il est rendu par **mandar** ou par **hacerse**

Ex. : *il se fait faire une maison*
    se mandó hacer una casa ou **se hizo una casa**

3. Suivi de *savoir*

Peut se rendre littéralement par **hacer saber** ou par des verbes comme **comunicar, manifestar, participar.**

Ex. : *faites-moi savoir si vous pouvez venir*
    comuníqueme si puede venir.

4. Suivi d'un verbe et signifiant *commander*

Il se rend alors par **mandar**

Ex. : *il fit condamner un innocent*
    mandó condenar a un inocente.

Faites vos jeux! : ¡ **Hagan juego!**
Faire l'école buissonnière : **Hacer novillos.**
Faire la sourde oreille : **Hacerse el sordo.**
Faire une démarche : **Hacer una diligencia.**
Qui casse paye : **Quien tal hace que tal pague.**
Il fait un froid de loup : **Hace un viento que hiela las palabras**
ou **un frío mayúsculo** ou **de padre y muy señor mío.**

Hace un viento que hiela las palabras.
Hace un frío mayúsculo

Il fait un froid de canard

Piège **57**

> On traduira *falloir* de façon différente devant infinitif, proposition subordonnée ou substantif.

1. Devant infinitif

On emploiera surtout **haber que** utilisé à la troisième personne du singulier.

Ex. : *il faut partir* = **hay que salir**

Les autres tournures, qui valent aussi devant proposition subordonnée, sont **ser necesario, ser preciso, ser menester que** ou **hacer falta.**

Ex. : **es necesario (preciso, menester) / hace falta salir.**

On notera que la préposition *de* ne se traduit pas parce que l'infinitif est sujet réel.

Devant **advertir** *(avertir)*, **creer** *(croire)*, **desear** *(désirer)*, **esperar** *(espérer)*, **notar** *(noter)*, **pensar** *(penser)*, **suponer** *(supposer)*, **temer** *(craindre)* ... on emploie **ser de** plutôt que **haber que** dans le sens de *valoir la peine de : il faut supposer* = **es de suponer.**

2. Devant une subordonnée

On pourra utiliser les quatre tournures que nous venons d'envisager, suivies du subjonctif.

Ex. : *il faut que nous sortions*
      es necesario (preciso, menester) / hace falta que salgamos.

Il est évident que l'on respectera la concordance des temps.

Ex. : *il fallait que nous sortions*
era necesario (...) / hacía falta que saliéramos.

3. Devant un substantif

On emploiera le verbe **necesitar(se)** ou **hacer falta.**

Ex. : *il faut du temps* = **se necesita (hace falta) tiempo**
Mais *il me faut du temps* = **necesito (me hace falta) tiempo.**

> *Habituellement* ne se traduit pas par un adverbe mais par le verbe **soler** ou par **acostumbrar**.

Les Espagnols n'aiment pas beaucoup les adverbes de manière qu'ils trouvent trop lourds. Pour traduire *habituellement, d'habitude, j'ai l'habitude de, d'ordinaire, généralement,* ils utilisent le verbe **soler** qui correspond à un ancien verbe français *souloir.*

Ce verbe, défectif, ne se conjugue qu'aux présents et imparfaits de l'indicatif et du subjonctif ainsi qu'au passé simple.

Ex. : *je me lève habituellement à sept heures*
    suelo levantarme a las siete

On aura compris que l'on met le verbe **soler** (qui diphtongue) au temps du verbe français qui, lui, se met à l'infinitif.

Soler peut aussi s'employer si le sujet est un objet, une chose ou un infinitif.

Ex. : — *il pleut généralement beaucoup dans cette région*
        suele llover mucho en esa región
    — *cette pièce est généralement vide*
        esa habitación suele estar vacía.

Par contre, **acostumbrar** ne peut s'utiliser qu'avec des êtres animés.

Ex. : *j'ai l'habitude de me lever tôt*
    acostumbro levantarme temprano.

→ «FALSO AMIGO»

Costumbre signifie *coutume, habitude :* un *costume* se dit **traje**.

60   TRADUCTIONS DE *LUI, ELLE, EUX, ELLES*

> Les pronoms sujets de la troisième personne peuvent se traduire par **él, ella, ellos** ou **ellas** et par **sí** derrière préposition si le sujet et l'objet sont les mêmes.

1. Les pronoms sujets de la troisième personne ne se traduisent pas en espagnol si le sens de la phrase est suffisamment clair.

Ex. : *Mon père se promène dans le parc. Il marche très vite.*
Mi padra pasea por el parque. Anda muy de prisa.

2. On emploie **él, ella, ellos, ellas** pour traduire *lui, elle, eux, elles* ou pour lever toute ambiguïté.

Ex. : *Mon père et ma mère se promènent. (Lui) il parle, elle pas.*
Mi padre y mi madre pasean. Él habla, ella no.

Notez la présence de l'accent grammatical sur **él** pour ne pas le confondre avec l'article défini.

3. Derrière préposition, *lui, elle, eux, elles* peuvent prêter à confusion.
Il travaille pour *lui* peut signifier qu'il travaille pour lui-même ou qu'il travaille pour un tiers.
Cette confusion est impossible en espagnol qui emploie **él** lorsque le sujet et *lui* représentent des personnes différentes et **sí** (**mismo**, qui s'accorde) lorsque le sujet et *lui* représentent la même personne.

Ex. : *X travaille pour Z* = **trabaja para él**
     X travaille pour X = **trabaja para sí (mismo).**

On trouve cette même différence au féminin et au pluriel.

Ex. : *mademoiselle Marthe pense à elle (-même)*
la señorita Marta piensa en sí (misma)
Pedro y Paco parlent toujours d'eux (-mêmes)
Pedro y Paco hablan siempre de sí (mismos).

Après les prépositions composées qui marquent un lieu, on emploie **él,...** dans la langue courante : **miró detrás de él** = *il regarda derrière lui.*

Mais se traduisait par **mas** qui n'est presque plus employé de nos jours. On rend *mais* par **pero** sauf si la phrase précédente est négative, auquel cas on emploie **sino**.

1. Mas (sans accent écrit) s'employa jusqu'au siècle d'or mais est abandonné aujourd'hui. Son usage ancien explique pourquoi le **más** qui signifie *plus* porte l'accent écrit alors qu'il est le seul « **mas** » employé aujourd'hui.

2. Pero s'emploie dans tous les cas sauf si la phrase précédente est négative.

Ex. : **piensa bien pero habla mal**
il pense bien mais il parle mal.

3. Sino s'emploie si la phrase précédente est négative et qu'il y a ellipse du verbe. C'est la raison pour laquelle on l'emploie dans **no sólo... sino también** (*non seulement... mais aussi*).

Ex. : — **no estudiaba castellano sino inglès**
il n'étudiait pas l'espagnol mais l'anglais
— **no sólo comía a las dos sino también a las cuatro**
il ne mangeait pas qu'à midi mais aussi à quatre heures.

Toutefois, si *mais* a le sens de *et pourtant,* on le rend par **pero**.

Ex. : **no me gustan las manzanas pero las como**
je n'aime pas les pommes mais (= et pourtant) je les mange.

On écrira bien **sino** en un seul mot. Il ne faut en effet pas le confondre avec **si no** qui signifie *sinon*.

S'il y a un verbe dans chaque proposition, on emploiera **sino que** si la deuxième proposition est positive, **sino que no** ou **sino que tampoco** si la deuxième proposition est négative.

Ex. : — **no es tu deber sino que es el nuestro**
      ce n'est pas ton devoir mais le nôtre
    — *non seulement il n'y a pas de café, mais encore il n'y a pas de thé*
      no sólo no hay café, sino que no (tampoco) hay té.

4. Pero sí s'emploie aussi après une phrase négative, dans le sens de *mais par contre, mais néanmoins*.

Ex. : *il n'était pas intelligent mais comprenait néanmoins beaucoup de choses*
      no era inteligente pero sí comprendía muchas cosas

5. Antes (bien) s'utilise de la même façon avec le sens de *mais plutôt, mais au contraire*.

Ex. : *je ne suis pas du tout froissé, mais, au contraire, je vous remercie*
      no estoy nada resentido antes (bien) le agradezco.

→ UNOS MODISMOS CON MÁS

N'avoir pas un sou vaillant : **No tener más que el día y la noche.**
Plus propre qu'un sou neuf : **Más limpio que una patena.**
Un tiens vaut mieux que deux tu l'auras : **Más vale un pájaro en la mano que ciento volando.**
Parler comme une pie : **Hablar más que una urraca/cotorra.**
Mieux vaut tard que jamais : **Más vale tarde que nunca.**
Sans autre forme de procès : **Sin más miramientos.**
De mieux en mieux : **A más y mejor.**
Il ment à jet continu : **Miente más que habla.**
La ligne droite est le plus court chemin d'un point à un autre : **El camino más corto entre dos puntos es la línea recta.**
Il a beau dire : **Por más que diga.**
Un mauvais arrangement vaut mieux qu'un bon procès : **Más vale avenencia que buena sentencia.**

> *Malgré* se traduit toujours par **a pesar (de)**. Le pronom personnel français est rendu par un adjectif possessif.

1. Suivi d'un nom de personne

Se rend par **a pesar de** ou, beaucoup plus rarement, par **a despecho de** *(en dépit de)*.

Ex. : *il se maria malgré ses parents*
se casó a pesar de sus padres.

2. Suivi d'un pronom

Se rend par **a pesar** suivi d'un adjectif possessif fort (voir chapitre 16).

Ex. : *malgré toi* = **a pesar tuyo.**

3. Suivi d'un nom de chose ou d'un pronom neutre

Se traduit par **a pesar de** ou par **no obstante.**

Ex. : — *malgré mes conseils* = **a pesar de mis consejos**
— *il le fit malgré cela* = **lo hizo a pesar de eso.**

L'idée de concession peut aussi se rendre par **a pesar de** + proposition infinitive ou **a pesar de que** + proposition subordonnée à l'indicatif (en espagnol).

Ex. : — *malgré sa cécité* = **a pesar de ser ciego**
— *malgré sa cécité (bien qu'il soit aveugle)* =
a pesar de que <u>es</u> ciego.

→ «FALSOS AMIGOS»

Pesar signifie *malgré* dans **a pesar de**; comme verbe, il signifie *pesar*; comme substantif, *chagrin, regret*.
Despecho signifie *malgré* dans **a despecho de**; *une dépêche* se dit **parte telegráfico.**

Si *Monsieur, Madame* et *Mademoiselle* sont suivis d'un titre ou d'un nom, la place de l'article et son emploi diffèrent en espagnol et en français.

1. La personne est mentionnée

a) *Monsieur, Madame* ou *Mademoiselle* est suivi du titre : dans ce cas, on inverse le schéma français, c'est-à-dire que l'on met l'article défini devant ces mots.

Ex. : *monsieur le professeur passe par ici*
el señor profesor pasa por aquí.

b) *Monsieur, Madame* ou *Mademoiselle* est suivi d'un nom ou d'un prénom : on maintient l'article en espagnol alors qu'il n'y en a pas en français.

Ex. : *le toréro aimait mademoiselle Marie*
el torero quería a la señorita Maria.

2. La personne est interpellée

a) *Monsieur, Madame* ou *Mademoiselle* est suivi d'un titre : dans ce cas, il n'y a jamais d'article défini en espagnol.

Ex. : *Comment allez-vous, monsieur le président?*
¿Cómo está, señor presidente?

b) *Monsieur, Madame* ou *Mademoiselle* est suivi d'un nom ou d'un prénom : dans ce cas, il n'y a pas plus d'article défini en espagnol qu'en français. C'est le seul cas où les deux langues réagissent de même.

Ex. : *Que se passe-t-il, madame López?*
   ¿Qué pasa, señora López?

En résumé, si l'on mentionne la personne, l'article défini précède toujours les mots, **señora** ou **señorita**. Si on l'interpelle, il n'y a jamais d'article défini en espagnol. Notez que tout ceci vaut au pluriel : **Los señores profesores**. Notez aussi que si l'on mentionne une femme mariée, on dira **La señora de Hernández** = *Madame Hernández!*

Se hace el sordo

Il fait la sourde oreille

Piège 57

> Peut presque toujours se traduire **par no... sino** ou par **sólo** mais aussi par des adverbes de manière ou **antes de**.

1. Se traduit par no... sino ou par sólo

Ex. : *Il ne travaille que le soir*
   No trabaja sino por la tarde ou **Trabaja sólo por la tarde.**

Vous n'oublierez pas l'accent écrit sur **sólo**, accent indispensable pour distinguer **sólo** adverbe de **solo** adjectif.

2. Peut se traduire aussi par no... más que, solamente, unicamente
   = *rien que, pas autre chose que.*

Ces emplois valent si la restriction porte sur la qualité ou la quantité.

Ex. : *Il ne boit que de l'eau* = **no bebe más que agua** ou **bebe solamente agua** ou **bebe únicamente agua.**

Il ne faut pas abuser des adverbes de manière en **-mente** que les Espagnols considèrent comme très lourds.

3. Se rapportant au temps et signifiant *pas avant*

Se traduit encore par **no... sino** mais aussi par **no... antes** s'il s'agit d'un délai.

Ex. : *Il ne se lève qu'à huit heures*
   Ne se levanta que a las ocho ou **antes de las ocho.**

4. Après le verbe *pouvoir*

Se traduit par **menos de** ou par **dejar de**.

Ex. : *je ne peux que vous le dire*
ne puedo menos de decírselo
ou **no puedo dejar de decírselo**.

5. Signifiant *à moins que, si ce n'est que*
=**sino cuando**.

Ex. : *il ne travaille que poussé par la nécessité*
no trabaja sino cuando es empujado por la necesidad.

> *On* se traduit de trois façons : par le réfléchi, par une
> personne de la conjugaison ou par **uno, una.**

A. *On* est employé seul, non suivi d'un autre pronom

1. Par le réfléchi

C'est la façon la plus courante, pour autant que la
phrase réfléchie ait un sens.

Ex. : *on vend une maison* = **se vende una casa.**

La tournure réfléchie n'est possible que si l'on peut
remplacer *on* par un pronom de sens passif, c'est-à-dire
s'il est possible de dire *une maison se vend.* Comme le
C.O.D. français devient le sujet de la tournure réfléchie, il faudra, bien entendu, accorder le verbe espagnol avec ce sujet.

Ex. : *on vend des maisons* = **se venden casas.**

Cet accord, obligatoire pour l'Académie, est de moins
en moins respecté dans la langue courante qui écrira
*se alquila habitaciones *(on loue des appartements)* !

Toutefois, si le C.O.D. est un nom de personne, d'animal ou de chose personnifiée, il ne devient pas sujet et
doit être précédé de **a.** Le verbe reste toujours au
singulier.

Ex. : *on déteste les traîtres* = **se aborrece a los traidores.**

2. Par une personne de la conjugaison

En principe, toutes les personnes de la conjugaison sont possibles pour rendre *on*. La plus courante sera, toutefois, la troisième personne du pluriel, pour autant que celui qui parle ne soit pas compris dans ce *on*. Ce sera surtout le cas avec **dicen, cuentan** *(on dit, on raconte)* employés à côté de **se dice, se cuenta...**

Ex. : *on boit du thé en Angleterre* = **beben té en Inglaterra.**

Ce qui sous-entend que le locuteur, lui, n'en boit pas.

Cette tournure n'est pas possible avec les verbes réfléchis espagnols ou lorsque le complément est accompagné d'un adjectif possessif de la troisième personne.

Ex. : *on doit s'arrêter ici* = **hay que pararse aquí**
on quitte son pays = **uno deja su país.**

1res personnes du singulier ou du pluriel : sera surtout employé dans les préfaces ou quand la vérité s'applique à la personne qui parle.

Ex. : *on a remarqué une erreur dans...*
he(mos) notado una error en...

L'emploi de la première personne du pluriel est obligatoire avec les verbes réfléchis espagnols.

2es personnes du singulier ou du pluriel : lorsque ce *on* s'adresse à quelqu'un en particulier, à l'interlocuteur.

Ex. : *on fait trop de bruit* = **haces demasiado ruido.**

3e personne du singulier : c'est le sens initial de *on* puisque ce pronom vient du latin homo = *un homme, quelqu'un.* Toutefois, dans ce sens, on utilisera surtout la troisième traduction de *on*.

3. Par uno, una

Sera possible surtout dans les proverbes, les vérités générales. Traduire *on* par **uno** est obligatoire avec le verbe *être* (et assimilés tels *paraître, vivre, rester* et même *mourir*) suivi d'un attribut, quand *on* est répété dans la même phrase, quand *on* s'applique à celui qui parle ou quand le complément est accompagné d'un adjectif possessif de la troisième personne.

Ex. : — *on dit qu'il est stupide* = **uno dice que es estúpido**
— *on est intelligent* = **es uno inteligente**
— *on s'habitue à sa maison* = **uno se habitúa a su casa.**

Si on représente une femme, on emploiera **una**.

Ex. : *on se fâche souvent* = **una se enfada muchas veces**

4. Par (alg)unos, alguien, cualquiera, nadie

Ces traductions, proches de **uno**, s'emploient lorsque *on* est vague, indéterminé.

Ex. : *on vous conseille* = **alguien le aconseja.**

On emploie **nadie** si *on* est suivi d'une négation.

Ex. : *on ne vous conseille pas* = **nadie le aconseja.**

5. Par le collectif la gente

Ce sera surtout le cas si *on* signifie *les gens*.

Ex. : *on disait que* = **la gente decía que.**

Vous n'oubliez pas que *les gens* est un collectif toujours au singulier en espagnol.

6. Par la tournure passive

Cette traduction est à déconseiller parce qu'il vaut mieux rendre la tournure passive par la forme réfléchie.

Ex. : *on vend ces marchandises* = **esas mercancías son vendidas.**

B. *On* est suivi d'un autre pronom

Dans tous les cas où *on* précède un autre pronom, **se** se met devant ce dernier.

1. Traduction de *on le(s)*

Il faut traduire *on le(s)* dans lequel *le(s)* représente une ou plusieurs personnes du genre masculin par **se lo** et par **se los**.

Ex. : *on le dit* = **se lo dice**
on les chasse = **se los caza**.

Certains grammairiens veulent, dans ces cas, traduire *on le* par **se le**. On lira le chapitre 31 sur les pronoms de la troisième personne où les hésitations entre **lo** et **le** sont évoquées.

On veut peut-être ainsi éviter la confusion entre **se lo dice** *(il le lui dit)* et **se le dice**. Mais rien ne permet alors de faire la différence entre *on le* dit et *on lui dit*.

Notez que, dans le premier cas, rien ne permet de faire la différence entre *on le dit* et *on lui dit*.

2. Traduction de *on la, on les* (féminin)

Ce problème ne se pose pas au féminin.

Ex. : *on la voit* = **se la ve**.

3. Traduction de *on lui, on leur*

Ex. : *on lui dit* = **se le dice**
on leur dit = **se les dice**.

4. Traduction de *on se*

Comme nous l'avons vu au point A 2º, on n'utilise pas la tournure réfléchie, en espagnol, si le verbe est lui-même réfléchi. On emploie, dans ce cas, généralement, la première personne du pluriel pour éviter *se se casa où l'on aurait deux pronoms se de valeur différente!

Ex. : *on se marie* = **nos casamos.**

5. Traduction de *on en*

On lira le chapitre 54 sur les traductions de *en*.

Ex. : *on en parle* = **se habla de eso**
    on en vient = **se viene de ahí, de allí.**

6. Traduction de *on y*

On lira le chapitre 79 sur les traductions de y.

Ex. : *on y vend* = **ahí se vende.**

C. *On* est suivi de deux autres pronoms

On ne pourra jamais traduire ces pronoms *(on me le, on me la...)* si le verbe est réfléchi. Dans les autres cas, le pronom C.O.D. disparaît et le C.O.I. se place après **se.**

Ex. : *on me le dit* = **se me dice** et non *se me lo dice**

> *Pour* peut se traduire par **por** ou par **para**.
> **Por** marque une cause, **para** un but.
> Devant un infinitif, **por** marque un but rapproché, **para**, un but éloigné.

La traduction correcte de la préposition *pour* est une des plus grosses difficultés que puisse rencontrer le francophone.

Dans 80 % des cas, il lui suffira de savoir que **por** traduit le français *par* et que **para** signifie *pour*.

Ce sont évidemment les 20 % qui restent qui posent problème.

1. En règle générale, dans la langue actuelle, **por** marque une cause tandis que **para** s'emploie pour le but.

Ex. : — **fue castigado por llegar tarde**
Il a été puni pour être arrivé en retard =
à cause de son arrivée tardive.
On aurait pu dire : **por su retraso,** *pour* son retard.

— **aprendian el castellano para viajar por España**
ils apprenaient l'espagnol pour voyager en Espagne = dans le but de voyager. On aurait pu dire : **para sus viajes.**

Dans la langue classique, le but était introduit par la préposition **por**. Des «hésitations» entre **por** et **para** attestent ce changement.

Ex. : **¿ Hace una noche hermosa, verdad? — dijo de repente por decir algo, sin duda para cortar aquel silencio embarazoso.** (S.J. Arbó, cité par Coste, p. 363).

La nuit est belle, n'est-ce pas? — dit-il soudain pour dire quelque chose, sans doute pour rompre ce silence embarrassé.

2. Devant infinitif

Aujourd'hui, surtout devant un infinitif, **por** et **para** peuvent tous deux marquer le but. **Por** indique un but rapproché tandis que **para** indique un but plus lointain.

Ex. : — *il sortit pour voir si Lope n'arrivait pas*
    salió por ver si Lope no llegaba
  — *il étudie l'espagnol pour le connaître*
    estudia el castellano para conocerlo.

3. Por traduit *pour* :

a) après un verbe d'opinion

Ex. : *il me prend pour un fou* = **me toma por loco.**

b) devant une expression temporelle

Ex. : *je pars pour une semaine* = **salgo por una semana.**

c) si *pour* a la valeur de *en échange de*

Ex. : *je ne donnerai pas mon livre pour ta grammaire*
    no daré mi libro por tu gramática.

d) par conséquent, devant tout prix, toute valeur.

Ex. : *je l'ai acheté pour cinq pésètes*
    lo compré por cinco pesetas.

e) si *pour* signifie *en faveur de*.

Ex. : *je vote pour López* = **voto por López.**

f) dans l'expression *pour… que* synonyme de *quelque… que* ou de *tout … que*

Ex. : *pour courageux qu'il soit …* = **por bravo que sea.**

4. Para (con) traduit *pour* au sens de *envers, à l'égard de*.

Ex. : *il n'a pas de secret pour son père*
    no tiene secreto para (con) su padre.

Pourquoi? se traduit par ¿ **por qué?** ou ¿ **para qué?** selon que l'on s'intéresse à la cause ou au but.

Nous venons de voir que *pour* se traduisait par **por** si la réponse marquait la cause et par **para** si elle introduisait un but.

Dès lors, l'Espagnol anticipe la réponse dans sa question. S'il pose la question ¿ **por qué?**, il attend qu'on lui réponde par **por** et que l'on indique la cause. S'il demande ¿ **para qué?**, on lui répondra par un but.

Ex. : — ¿ **Por qué escribió esa carta?**
   Pourquoi écrivit-il cette lettre?
   Porque su madre la esperaba.
   Parce que sa mère l'attendait (à cause de l'attente)
— **Para qué iba a la ventana?**
   Pourquoi allait-elle à la fenêtre?
   Para ver el mar y las olas
   Pour voir la mer et les vagues (dans le but de).

On notera qu'une même phrase peut être introduite par ¿ **por qué?** ou par ¿ **para qué?**

Ex. : — ¿ **Por qué te sientas aquí?**
   Pourquoi t'assieds-tu ici?
   Porque me gusta este banco
   Parce que j'aime ce banc.
— ¿ **Para qué te sientas aquí?**
   Para ver el panorama de la ciudad
   Pour voir le panorama de la ville.

Une réponse commençant par **porque** est toujours suivi d'un indicatif mais si la réponse commence par **para que**, donc introduit une proposition de but, la conjonction de subordination sera toujours suivie d'un subjonctif.

Ex. : **¿ Para qué los niños nos interrogan tanto?**
Pourquoi les enfants nous interrogent-ils tant?
Para que nos <u>interesemos</u> en ellos, claro.
Pour que nous nous intéressions à eux, évidemment.

Vous savez que **¿ por qué?** s'écrit en deux mots avec accent.

Hay gato encerrado

Il y a anguille sous roche

Piège 80

TRADUCTIONS
DES PRONOMS RELATIFS
(SAUF *DONT*)

Qui, que, quoi, où et *lequel* correspondent à **quien,
que** *ou* **el cual**. Pour *dont* on lira le chapitre 53.

De façon générale, l'emploi de **el cual** donnera plus de
précision à la traduction, sans qu'il y ait changement de
sens.

I. *QUI*

A. Son antécédent est exprimé

1. *Qui* est sujet = **que.**

Ex. : *l'homme qui parle* = **el hombre que habla.**

2. *Qui* est C.O.I. = préposition + **quien(es)** ou **el
cual.**

Ex. : *l'homme à qui je parle* =
    el hombre con quien hablo
    les amis à qui j'ai promis =
    los amigos a quienes prometí.

B. Sans antécédent exprimé = *celui qui* = **quien.**

Ce sera surtout le cas dans des vérités générales,
proverbes, maximes...

Ex. : *Qui va à la chasse perd sa place* =
    Quien va a Sevilla, pierde su silla (littéralement :
    Qui va à Séville perd sa chaise).

Pour la traduction de *il y en a qui, il n'y a personne qui*,
voir chapitre 80.

II. *QUE*

A. Avec un nom de chose pour antécédent = **que.**

Ex. : *le dessert que tu manges* = **el postre que comes.**

B. Avec un nom de personne pour antécédent
= **a quien(es).**

Ex. : *les hommes que je vois* = **los hombres a quienes veo.**

On trouve de plus en plus, dans la langue parlée, voire écrite, **que** au lieu de **quien** dans ce cas. Cet emploi est à déconseiller.

III. *QUOI*

= préposition ou locution prépositive + article + **que** ou + **lo que** ou + **lo cual.**

Ex. : *C'était une chose à quoi il ne s'habituerait jamais* **Era una cosa a la que no se acostumbraría jamás.**

IV. *OÙ*

A. A valeur spatiale

1. Le verbe n'exprime pas le mouvement = **(en) donde, en (el) que.**

Ex. : *la maison où je vis* = **la casa (en) donde vivo.**

2. Avec verbe de mouvement = **a/por donde.**

Ex. : *la maison où je vais* = **la casa a donde voy.**

B. A valeur temporelle = **en que, cuando.**

Ex. : *le mois où il part à la mer* = **el mes en que va al mar.**

V. *LEQUEL*

A. <u>Non précédé d'une préposition</u> : **el cual** est très lourd.

1. *Lequel* représente une personne = **que, quien, el cual**.

Ex. : *il alla voir son frère, lequel lui annonça que*
fue a ver a su hermano, que/el cual le anunció que.

2. *Lequel* représente une chose = **que, el cual**.

Ex. : *il aimait cette place, laquelle était illuminée par*
le gustaba aquella plaza, que/la cual era iluminada por.

B. <u>Précédé d'une préposition</u> = **el cual**.

Ex. : *un pré près duquel* = **un prado cerca del cual.**

Qui trop embrasse, mal étreint
Muchos ajos en un mortero mal los maja un majadero.

---

1. *Que* pronom relatif : lire le chapitre précédent.

2. *Que* introduit le deuxième terme de la comparaison Voir chapitre 23.

3. Traductions de *ne ... que* : voir chapitre 64.

4. *Que* correspond à la conjonction de subordination **que.**

On ne la traduit pas si elle remplace une autre conjonction.

Ex. : *comme il était tard et que nous étions fatigués...*
como era tarde y estábamos cansados.

On peut l'omettre devant un subjonctif.

Ex. : *je vous demande de me pardonner*
(littéralement : *je vous demande que vous me pardonniez*)
le ruego (que) me perdone.

Si *que* correspond à *pendant lequel* devant une expression de temps, on le traduit par **en que.**

Ex. : *le siècle que nous vivons = **el siglo en que vivimos.***

5. *Que* signifie *comme!, combien!* dans les exclamatives.

a) devant un verbe = **¡ cuánto!**

Ex. : *qu'ils vous aiment!* = **¡Cuánto la quieren!**

b) devant un adjectif = **¡cuán!** (forme apocopée de **cuanto**).

Ex. : *qu'il est gentil!* = **¡Cuán amable es!**

c) devant un adverbe = **¡cuán!**

Ex. : *que (comme) nous allons doucement!*
¡ cuán dulcemente vamos! (Juan Ramón Jiménez, cité par Coste et Redondo).

TRADUCTIONS DE *QUELQUE(S)*

I. Au singulier

1. *Quelque* adjectif indéfini = **alguno** qui apocope en **algún**.

Ex. : *faire quelque travail* = **hacer algún trabajo**.

2. *Quelque* = *environ* : **unos, unas**.

Quelque reste invariable devant un numéral. En espagnol **unos** s'accorde avec le mot auquel il se rapporte.

Ex. : *il a quelque dix maisons* = **tiene unas diez casas**.

3. *Quelque … que*

a) séparés par un substantif = **por mucho/más … que**.

Ex. : *quelque punition qu'il promette…*
    por mucho castigo que prometa.

b) séparés par adjectif ou adverbe = **por (más) … que**

Ex. : *quelque riche qu'il soit*
    por (más) rico que sea.

II. Au pluriel

1. *Quelques* adjectif indéfini = **(alg)unos, (alg)unas**.

Ex. : *quelques oranges* = **(alg)unas naranjas**.

2. *Les quelques* = **los pocos, las pocas**.

Ex. : *les quelques livres…* = **los pocos libros**.

3. *Ces quelques* = adjectif démonstratif + **pocos, pocas**.

Ex. : *ces quelques fleurs* = **esas pocas flores**.

4. *Mes/tes … quelques* = adjectif possessif + **pocos**.

Ex. : *ses quelques pages* = **sus pocas páginas**.

TRADUCTIONS
DES RÉFLÉCHIS

Verbes qui ne s'emploient qu'à la forme réfléchie en espagnol, non réfléchie en français et vice-versa.

---

1. Réfléchis espagnols, non réfléchis français

acercarse	*approcher*
ahogarse	*étouffer*
antojarse	*convoiter*
aproximarse	*approcher*
atreverse	*oser*
desayunarse	*déjeuner*
dignarse	*daigner*
doblarse	*plier*
hincharse	*enfler*
menearse	*remuer*
moverse	*bouger*
pudrirse	*pourrir*
romperse	*casser*
ruborizarse	*rougir*
sonrojarse	*rougir*
sumergirse	*plonger*
zambullirse	*plonger*

On y ajoutera les verbes qui signifient *devenir* et qui ne s'emploient qu'à la forme pronominale : **hacerse, ponerse, volverse.**

2. Non réfléchis en espagnol, réfléchis en français

acontecer	*se passer*
callar ou callarse	*se taire*
dejar (de)	*s'empêcher de*
descansar ou descansarse	*se reposer*
desconfiar	*se méfier*
despertar ou depertarse	*s'éveiller, se réveiller*
destacar	*se détacher (d'un fond)*
exclamar	*s'écrier*

ocurrir	se passer
pelear	se battre
reñir	se disputer
suceder	se passer
vestir ou vestirse	s'habiller

3. Changent de sens en devenant réfléchis

Verbe	Non réfléchi	Réfléchi
admirar	admirer	s'étonner
asomar	apparaître	se pencher
correr	courir	rougir, se froisser
crecer	croître, grandir	se faire valoir
cuidar	soigner	se soucier de
estar (quieto)	être tranquille	se tenir tranquille
lucir	briller	parader
nacer	naître	pousser tout seul
parar	aboutir	s'arrêter
	descendre à l'hôtel	
parecer	paraître	ressembler
recoger	recueillir	rentrer chez soi
retrasar	retarder	s'attarder
servir	servir	vouloir bien
		(**sírvase** : veuillez)

On ajoutera à cette liste les verbes **poner, hacer** et **volver** qui ont deux sens à la forme pronominale, leur sens propre et celui de *rendre* et prennent le sens de *devenir* à la forme réfléchie. (voir chapitres 51 et 72).

4. Verbes réciproques

Ces verbes sont les mêmes dans les deux langues. Ils s'emploient, comme en français, avec le pronom **se** et peuvent être renforcés, tout comme en français, par **mutuamente** (*mutuellement*) ou par **uno** + préposition ad hoc + **otro**.

Ex. : *ils se regardèrent (l'un l'autre)*
    se miraron (mutuamente, uno a otro).

72 | TRADUCTIONS DE *RENDRE*

> La traduction de *rendre* avec adjectif qualificatif, adverbe ou complément circonstanciel de manière se fait à l'aide des verbes **hacer**, **volver** et **poner**.

Il y a des analogies entre les traductions des verbes *devenir* et *rendre*.

1. Par poner

On traduira *rendre* par **poner** si la transformation est accidentelle.

Ex. : *cela le rendait joyeux* = **eso lo ponía alegre**.

Les adjectifs qui se construisent avec **estar** s'emploieront avec **poner**. Voir chapitre 55.

Ex. : **está contento → eso lo pone contento**.

2. Par volver

On utilisera **volver** si la transformation est brutale et complète.

Ex. : *tu veux me rendre fou?* =
    ¿ **quieres volverme loco?**

3. Par hacer

On emploie **hacer** si la transformation est progressive.

Ex. : *sa blessure le rend vulnérable*
    su herida lo hace vulnerable.

Les adjectifs qui se construisent avec **ser** s'emploieront avec **volver** et avec **hacer**.

Ex. : **es feliz → me hizo feliz**.

> La répétition se forme de façon très différente du
> français. Le préfixe re- s'emploie très rarement au
> sens de répétition. On utilisera le verbe **volver** ou on
> ajoutera **otra vez, de nuevo** ou **nuevamente** après le
> verbe.

Le préfixe **re-** a très rarement le sens du préfixe **re-**
français. En espagnol, ce préfixe marque surtout l'in-
tensité, principalement avec des adjectifs et peut être
considéré comme une sorte de superlatif comme dans
reguapa : *très jolie*.

Verbes dont le préfixe re- avec le même sens qu'en français

reanimar	*ranimer*
reanudar	*renouer*
recaer	*rechuter*
recoger	*recueillir*
reconquistar	*reconquérir*
reconstruir	*reconstruire*
recontar	*recompter*
reedificar	*réédifier*
reeditar	*rééditer*
reeducar	*rééduquer*
reemprender	*réentreprendre*
rehacer	*refaire*
renacer	*renaître*
replantar	*replanter*
reproducir	*reproduire*
revivir	*revivre*

Dès lors, les Espagnols emploient le verbe **volver** suivi de la préposition **a** pour traduire la répétition. **Volver** prend le temps et le mode du verbe français.

Ex. : *je relisais cette lettre*
  volvía a leer esa carta.

On peut aussi rendre la répétition en ajoutant, après le verbe, **otra vez** (*une autre fois*) ou **de nuevo** (*de nouveau*) comme le fait souvent le français ou l'adverbe **nuevamente**.

Ex. : **leía esa carta otra vez, de nuevo, nuevamente.**

74 TRADUCTIONS DE *SUR*

> *Sur* se traduit presque toujours par **en** quelles que soient la forme de l'objet et son emplacement.

1. En

Ex. : *il y a une feuille sur la table*
hay una hoja en la mesa.

On traduit *sur* par **en** si l'objet est assez mince pour qu'on ne distingue pas son épaisseur de son support, qu'il soit horizontal ou vertical.

Ex. : *il y a trop d'affiches sur nos murs*
hay demasiados carteles en nuestras paredes.

Le « support » peut aussi être abstrait.

Ex. : *se baser sur une coutume =*
basarse en una costumbre.

2. En ou sobre

Ex. : *ma valise est sur la table*
mi maleta está en/sobre la mesa.

On emploie aussi **en** et parfois **sobre** pour traduire *sur* si l'objet se distingue nettement de son support.

3. En ou encima de
= *au-dessus de*

Ex. : *ma valise est sur l'armoire*
mi maleta está en el armario/encima del armario.

On emploie également **en** et parfois **encima de** pour traduire *sur* si cette préposition signifie *au-dessus de*.

Mais on dit **25 grados sobre cero** = 25° *au-dessus de zéro*.

4. Por

S'emploie s'il y a dispersion dans un lieu.

Ex. : *répandre sur le sol* = **derramar por el suelo**.

TRADUCTIONS
DE *TOUT, TOUS*

> *Tout, tous* se traduisent par **todo, todos** mais si *tout* est pronom C.O.D., il doit être accompagné du pronom **lo**.

I. *TOUT* pronom neutre

La traduction de *tout* ne pose pas de problème sauf si *tout* est C.O.D. Dans ce cas, il doit être accompagné du pronom neutre **lo** qui se place <u>devant</u> le verbe.

Ex. : *il sait tout* =
   lo sabe todo ou, plus rare, **todo lo sabe**

Toutefois, si *tout* est suivi de *ce qui, ce que,* on n'utilisera pas le pronom **lo**.

Ex. : *il sait tout ce que je pense*
   sabe todo lo que pienso.

II. *TOUT* adjectif

1. *Tout = n'importe quel, un quelconque* = **cualquier(a)**.

Ex. : *tout homme est mortel* = **cualquier hombre es mortal.**

2. *Tou(te)s les*

On utilise **cada** (*chaque*) pour traduire *tous les* exprimant la périodicité.

Ex. : *tous les quatre jours* = **cada cuatro dias.**

Dans les autres cas, *tou(te)s les* + nom + *qui* ou *que* peut se traduire par **cuantos, cuantas.**

Ex. : *il me donne toutes les assurances que j'attends =*
me da cuantas seguridades espero.

3. *Tou(te)s les deux*

Se traduit par **ambos, ambas** ou par **los dos, las dos.**
Voir chapitre 50.

4. *Tous ceux qui, toutes celles qui*

Peuvent se traduire littéralement par **todos los que, todas las que** ou par **(todos) cuantos, (todas) cuantas** et même par le singulier **todo el que.**

Ex. : *tous ceux qui écrivent =* **todos los que escriben**
ou **(todos) cuantos escriben** ou **todo el que escribe.**

5. *Tout ce qui, tout ce que* = **todo lo que** ou **(todo) cuanto.**

Ex. : *il fit tout ce qui lui plut =* **hizo todo lo que le gustó**
ou **(todo) cuanto le gustó.**

III. *TOUT* à valeur adverbiale

1. *Tout (à fait)* adverbe = **del todo, completamente, muy** ou **enteramente.**

Ex. : *il était tout pâle =* **estaba pálido del todo**
ou **estaba completamente pálido.**

2. *Pas du tout* = **no ... en absoluto, de ninguna manera.**

Ex. : *ses examens ne sont pas bons du tout*
sus exámenes no son en absoluto buenos.

3. *Tout à l'heure* = **luego** ou **hace poco.**

Ex. : *je viendrai tout à l'heure =* **vendré luego** (futur)
il me dit tout à l'heure = **me dijo hace poco** (passé).

4. *Tout de suite* = **en seguida** ou **luego.**

Ex. : *je le ferai tout de suite =*
lo haré en seguida, luego.

IV. Autres valeurs de *TOUT*

1. *Tout autant* = **otro(s) tanto(s), otra(s), tanta(s).**

Ex. : *Vous avez cent livres et j'en ai tout autant*
Tiene cien libros y tengo otros tantos.

2. *Tout en* + gérondif = **ne se traduit pas.**

Ex. : *il parlait tout en mangeant =* **hablaba comiendo.**

3. *Tout le monde* = **todos, todas, todo el mundo.**

Ex. : *tout le monde le dit =*
todos lo dicen, todo el mundo lo dice.

Ces verbes ont une construction différente de celle
du français. Ainsi, *j'aime les musées* devient « *les
musées me plaisent* ».

1. Construction

Un grand nombre de verbes français, relevant surtout
du domaine « affectif » ont une construction très différente en espagnol.

Ex. : *j'aime les musées > les musées me plaisent*
los museos me gustan > me gustan los museos.

Le sujet français devient C.O.I. en espagnol, le verbe
espagnol sera toujours à la troisième personne (du singulier ou du pluriel) mais l'ordre reste celui du français.

Ne traduisez jamais par ***gusto los museos!!!** qui ne
signifie rien ou « je goûte les musées » !

Lorsque le verbe **dar** est suivi d'un infinitif, on peut le
considérer comme sujet ou complément déterminatif du nom
qui suit **dar**.

Ex. : *j'ai honte de le dire* =
me da vergüenza (de) decirlo MAIS **me avergüenza decirlo.**

2. Mise en évidence du pronom

Si l'on veut mettre le pronom sujet français (devenu
C.O.I.) en évidence, il faut utiliser la structure suivante : **a** + pronom C.O.I. fort + pronom C.O.I. faible
+ verbe. Ceci est obligatoire à la troisième personne.

Ex. : *lui il a gagné le gros lot*
a él le ha tocado el premio gordo.

3. Verbes réfléchis

Un certain nombre de verbes réfléchis peuvent être assimilés à ces verbes. Il faudra, dans ces cas, conserver le pronom réfléchi devant le C.O.I.

Ex. : *je trouve cela facile* = **se me hace fácil eso**

4. Verbes intransitifs

VERBE A TRADUIRE	VERBE ESP.	SENS 1er EN FRANÇAIS
aimer	**agradar**	*plaire*
aimer	**gustar**	*plaire*
aller (convenir)	**sentar**	*(as)seoir*
avoir des remords	**remorder**	*causer du remords*
avoir horreur	**dar asco**	*inspirer du dégoût*
avoir mal	**doler**	*faire souffrir*
avoir peur	**dar miedo**	*faire peur*
avoir pitié	**dar lástima**	*donner regret*
coûter (moralement)	**costar trabajo**	*coûter de la peine*
être à moi	**tocar**	*échoir*
être sûr	**constar**	*être évident*
gagner (loteries)	**tocar**	*échoir*
peiner	**dar pena**	*faire de la peine*
regretter	**pesar**	*causer du regret*
réussir	**salir bien**	*(en) sortir bien*

5. Verbes réfléchis

VERBE A TRADUIRE	VERBE ESP.	SENS 1er EN FRANÇAIS
avoir honte	**avergonzarse**	*faire honte*
avoir la fantaisie	**antojarse**	*convoiter*
avoir l'idée	**occurrirse**	*venir à l'esprit*
ignorer	**ocultarse**	*être caché*
imaginer	**figurarse**	*venir à l'imagination*
oublier	**olvidarse**	*sortir de l'esprit*
saisir (intellect)	**alcanzarse**	*être à la portée*
sembler	**antojarse**	*convoiter*
se souvenir	**acordarse**	*venir à l'esprit*
trouver + adjectif	**hacerse**	*paraître*

Ex. : *il lui prend la fantaisie de dire* = **se le antoja decir.**

TRADUCTIONS
DE *VOICI, VOILÀ*

Voici, voilà peuvent se traduire par **hace** pour marquer le temps écoulé. Dans les autres cas, par **he** + adverbe de lieu, par un pronom démonstratif suivi du verbe **ser** ou par un adverbe de lieu suivi d'un verbe qui correspond à la situation.

I. Pour marquer le temps écoulé

On utilisera surtout **hace** qui signifie *il y a* (littéralement : *ça fait*)

Ex. : *voilà un mois que j'attends sa réponse*
    hace un mes que espero su respuesta.

II. Dans les autres cas

1. La traduction la plus simple mais aussi la plus littéraire de *voici, voilà* consiste à utiliser **he** suivi de l'adverbe de lieu et du mot introduit par le présentatif.

Ex. : — *voici les livres que vous m'avez demandés*
      he aquí los libros que me pidió
      on préfère : **tenga los libros que me pidió**
    — *voilà la Sierra morena*
      he allí la Sierra morena (désuet)
      on préfère : **mire la Sierra morena.**

On se souviendra que les Espagnols utilisent trois adverbes de lieu : **aquí** ou **acá** pour les « choses » rapprochées, **allí** pour ce qui est près de l'interlocuteur ou pour ce qui est éloigné. Seule la tournure **he aquí** est encore vivante.

He est considéré comme un impératif. En conséquence, les pronoms devront se fixer derrière cette forme. L'enclise derrière **he** tombe aujourd'hui en désuétude.

Ex. : *me voici*
     heme aquí

2. On pourra toujours employer **éste (ésta, ...) es** à la place de **he aquí**; **ése (ésa...) es** à la place de **he ahí**.

Ex. : **estos son los pensamientos de un hombre viejo**
     voici les pensées d'un vieil homme.

3. Toutefois, la traduction la plus fréquente et la plus précise consiste à utiliser l'adverbe de lieu suivi du verbe ad hoc lui-même suivi du mot introduit par le présentatif français.

a) On utilisera les verbes **venir, ir, llegar** s'il y a mouvement.

Ex. : — **ahí viene mi médico**
       voilà mon médecin (il vient là)
     — **aquí llegan nuestros amigos**
       voici nos amis (ils arrivent ici).

Ahí va ou **ahí van** marquent en général que l'on se débarrasse d'un objet avec violence.

Ex. : — **¡ dame las pesetas que te he prestado!**
       ahí van, le dijo en voz baja
     — *donne-moi les pesètes que je t'ai prêtées!*
       les voilà, lui dit-il à voix basse.

b) On emploiera le verbe **estar** pour situer une personne ou une chose.

Ex. : — **aquí está su coche**
       voici votre voiture (elle se trouve ici).

c) **Tener** s'emploie lorsque l'on montre ou offre un objet

Ex. : — **aquí tiene su maleta**
       voici votre valise (je vous la tends).

On tend à supprimer les verbes **estar** et **tener** dans la langue parlée.

Ex. : **te voy a presentar : aquí mi amigo don Lope...**
     je vais te présenter : voici mon ami Lope...

TRADUCTIONS
DU VOUVOIEMENT
ET SES CONSEQUENCES

Comme l'espagnol sous-entend **Vuestra Merced**
(Votre Grâce) lorsqu'il vouvoie, les pronoms sujets,
C.O.D., C.O.I., les pronoms réfléchis, les adjectifs et
pronoms possessifs ainsi que l'impératif s'emploieront aux troisièmes personnes singulier et pluriel.

A. Pronoms faibles

1. <u>Pronoms sujets</u>

On sait que l'espagnol utilise les pronoms **Usted** (pro-
noncé [ousté] et **Ustedes** ainsi que les formes abrégées
Ud. au singulier et **Udes,** au pluriel (ou encore **Vd.** et
Vdes.) pour traduire le *vous* de politesse.

La première conséquence de cet emploi sera un recours
beaucoup plus fréquent au tutoiement. Les Espagnols
gardent, consciemment ou non, la mémoire que **Ud.**
signifie *Votre Grâce*. On imagine mal deux adolescents
se traitant ainsi.

Le verbe se mettra donc à la troisième personne du
singulier ou du pluriel. Pour s'y faire, il suffit de songer
qu'il y a peu c'était ainsi que les domestiques s'adres-
saient à leurs patrons : *Monsieur désire*.

Les autres implications de cette forme sont plus
sournoises.

2. Pronoms personnels C.O.D.

Pour s'habituer à employer correctement les autres pronoms, il faut partir du principe que l'espagnol sous-entend toujours *Votre Grâce, Votre Seigneurie*. Il suffit donc d'employer les formes des pronoms de la troisième personne, au singulier ou au pluriel.

Ex. : *Je vous vois* > *je vois Votre Grâce* > *je la vois*
> **lo veo** (s'il s'agit d'un homme), **la veo** (s'il s'agit d'une femme).

3. Pronoms personnels C.O.I.

Même raisonnement pour les C.O.I.

Ex. : *je vous parle* > *je parle à Votre Grâce* > *je lui parle* → **le hablo**.

4. Pronoms réfléchis

Ex. : *vous vous lavez* > *Sa Seigneurie se lave* → **se lava**.

B. Pronoms forts

1. Pronoms personnels C.O.I.

Ex. : *ils parlent de vous* > *ils parlent de votre seigneurie* → **hablan de Ud.**

2. Pronoms personnels réfléchis

Ex. : *Vous parlez trop de vous (-même)* > *Sa Grâce parle trop de soi*
Ud. habla demasiado de sí.

Pour cet emploi, on verra la traduction de *lui, elle, eux.*

C. Autres implications

1. Adjectifs possessifs

Ex. : *C'est votre voiture? > C'est la voiture de Votre Seigneurie? > C'est <u>sa</u> voiture.*
    → ¿ **Es <u>su</u> coche?**

2. Pronoms possessifs

Ex. : *c'est la vôtre > c'est celle de Votre Grâce > c'est <u>la</u> sienne*
    es <u>la suya.</u>

3. Impératif présent

L'impératif présent aura deux formes de plus qu'en français : les troisièmes personnes du singulier et du pluriel.

En effet, lorsque l'espagnol pense *parlez!* il raisonne comme dans les phrases précédentes : *Que votre grâce parle.* Il emploie donc des formes du subjonctif présent.

Ex. : **hable** (au singulier), **hablen** (au pluriel).

> *Y* ne se traduit pas sauf si, en tant qu'adverbe, l'idée de lieu est indispensable au sens de la phrase.
> On le rendra par des pronoms de la troisième personne précédés de prépositions si *y* est complément d'un verbe ou d'un adjectif.

1. L'adverbe *y* ne se traduit pas en espagnol s'il n'en résulte pas d'ambiguïté.

Ex. : *Tu dois visiter le Prado : tu y verras les dessins de Goya.*
Tienes que visitar el Prado : verás los dibujos de Goya.

2. Si l'idée de lieu est indispensable au sens de la phrase, on utilisera un adverbe de lieu précédé ou non d'une préposition.

Ex. : *J'y passerai quand j'irai à Saragosse.*
Pasaré por ahí cuanda vaya a Zaragoza.

J'y serai à neuf heures précises.
Estaré aquí a las neuve en punto.

3. On utilisera une préposition suivie d'un pronom de la troisième personne ou d'un pronom démonstratif neutre si *y* est complément d'un verbe ou d'un adjectif.

Ex. : *J'y penserai souvent.*
Pensaré muchas veces en ella.

Ils y étaient habitués.
Estaban acostumbrados a ella.

Y avoir accompagné d'un terme de temps se traduit par **hacer** mais, dans les autres cas, on emploie **haber** à la troisième personne du singulier.

1. Accompagné d'un terme de temps

Ex. : *Il y a un mois* = **hace un mes**

Songez au français populaire *ça fait un mois !* Le verbe **hacer** est employé impersonnellement et ne s'accorde donc pas. Ce verbe traduit aussi *voilà* devant un mot de temps. Voir chapitre 77.

Ex. : *il y a (voilà) trois semaines* = **hace tres semanas.**

La forme **ha** voire **há** postposée à l'expression temporelle, en rempalcement de **hace** est pratiquement sortie de l'usage **(tres semanas há).**

2. Dans les autres cas

a) cas général

On emploie le verbe **haber** à la troisième personne de tous les temps mais on lui ajoute **y** à l'indicatif présent **(hay).**

Ex. : *il y avait une maison ici* = **había una casa aquí.**

En se traduira, dans ce cas, par le C.O.D. du pronom de la troisième personne **(lo, la, los, las)** qui se mettra devant **haber.**

Ex. : *Il y a de la bière ? Oui, il y en a*
       ¿Hay cerveza? Sí, la hay.

b) *il y a… à* + infinitif = **hay que…** + infinitif.

Ex.: *il y a du travail à terminer* = **hay trabajo que terminar.**

c) *il n'y a qu'à* + infinitif = **basta con** + infinitif.

Ex.: *il n'y a qu'à le faire* = **basta con hacerlo.**

d) *il y a encore… à* + infinitif = **queda(n)** ou **está(n) + por** + infinitif.

Ex.: *il y a (me reste) deux pages à lire*
     me quedan dos páginas por leer.

e) *il n'y a plus qu'à* + infinitif = **no hay más remedio que** + infinitif.

Ex.: *il n'y a plus qu'à en rire*
     no hay más remedio que reír.

f) *il y en a qui, il y a des gens qui* = **hay quien** ou **los hay que**

Ex.: — *il y en a un qui préfère…* = **hay quien prefiere**
     — *il y en a qui préfèrent* = **los hay que prefieren.**

g) *il n'y a personne qui* = **no hay quien.**

Ex.: *il n'y a personne qui puisse* = **no hay quien pueda.**

→ UNOS MODISMOS CON HAY

Rien sans peine: **No hay atajo sin trabajo.**
C'est la foi qui sauve: **Sin fe, no hay remedio.**
Pas de quartier!: **¡No hay cuartel!**
Des goûts et des couleurs, il ne faut pas discuter:
Sobre gustos, no hay nada escrito.
Ce n'est pas vrai!: **¡ No hay tales carneros !**
Il y a anguille sous roche: **Hay gato encerrado.**
Il n'y a pas de rose sans épines: **No hay rosa sin espinas.**
Rien n'est parfait en ce monde: **De todo hay en la viña del Señor.**

81 L'IMPARFAIT DE L'INDICATIF

1. Après *si*

L'indicatif imparfait français est toujours rendu par le subjonctif imparfait espagnol dans les hypothétiques.

Ex. : *si j'étais riche* =**si fuera rico**

Il faut toutefois bien analyser la conjonction *si*. Dans certains cas, elle ne marque pas l'hypothèse mais peut correspondre à *au cas où, lorsque, chaque fois que*. Dans ces cas, il faudra, bien entendu maintenir l'indicatif imparfait.

Ex. : *il était puni par son père s'il arrivait en retard*
era castigado por su padre si llegaba tarde.

Il en ira de même dans les interrogations indirectes espagnoles qui se comportent toujours comme les interrogations directes.

Ex. : il me demanda si j'étais content = **me preguntó si estaba contento.**

2. A valeur d'atténuation

Comme en français, on peut employer l'imparfait de l'indicatif pour éviter le côté trop «direct» du présent.

Ex. : je voulais vous demander = **quería pedirle.**

3. Employé à la place du plus-que-parfait

Les Espagnols n'aiment pas beaucoup les temps composés à l'aide d'**haber**. On peut donc trouver des indicatifs imparfaits à la place de plus-que-parfaits.

Ex. : *cela faisait des siècles que je n'avais mangé...*
hacía siglos que no comía... (Goytisolo, cité par Coste et Redondo).

4. Employé à la place d'un conditionnel passé

On trouve cette substitution en français également.

Ex. : *s'il avait été moins cher, je l'aurais acheté*
si hubiera sido menos caro, lo compraba.

> L'espagnol forme son subjonctif imparfait en **-ra** ou
> en **-se**. La forme en **-ra** est la plus employée. On
> alternera les formes si elles se succèdent.

On forme le subjonctif imparfait espagnol en ôtant la
terminaison **-ron** de la dernière personne du passé simple et en la remplaçant par **-ra** ou par **-se**.

Ex. : **cantaron** > **cantara** ou **cantase** (verbe régulier)
hicieron > **hiciera** ou **hiciese** (verbe irrégulier).

On notera l'absence d'accent tonique écrit sur les formes **cantara**, **cantaras** et **cantaran** ce qui permet de ne
pas les confondre avec les formes accentuées du futur
cantará *(il chantera)*, **cantarás** *(tu chanteras)* et **cantarán**
(ils chanteront).

L'espagnol contemporain emploie plus volontiers les
formes en **-ra** que les formes en **-se**.

Toutefois, on utilisera en alternance les formes en **-ra**
et les formes en **-se**.

Ex. : *Tolède avait besoin d'un peintre de génie qui
connaisse son passé, qui illustre sa nostalgie...*

**Toledo necesitaba un pintor de genio que
conociera su pasado, que ilustrase su nostalgia...**

La forme en **-se** vient du subjonctif plus-que-parfait
latin (ex. : amavissem) qui avait aussi la valeur d'un
conditionnel. Il arrivera donc que les formes en **-se**
doivent se traduire par un conditionnel (surtout passé)
en français. Etant donné la préférence actuelle pour la
forme **-ra**, on trouvera aussi cette forme avec valeur de
conditionnel.

Ex. : *Qui l'aurait dit !*
¡Quién lo dijese! ou **¡Quién lo dijera!**

La forme en **-ra** de **querer (quisiera)** remplace systématiquement **querría**. **Hubiera, pudiera** et **debiera** remplacent souvent le conditionnel présent de ces verbes.

Ex. : **No quisiera** (pour **querría**) **vivir en otro país**
Je n'aimerais pas vivre dans un autre pays.

Ce remplacement aura lieu dans les cas suivants :

1. Lorsque le conditionnel marque une hypothèse non précédée de *si*

Ex. : **Hubiera estado contento de verlo**
J'aurais été content de le voir.

2. Dans les phrases exclamatives ou interrogatives

Ex. : **¿Quién lo hubiera pensado?**
Qui l'aurait pensé?

3. Précédé d'un pronom relatif

Ex. : **El que buscara ese libro no lo encontraría**
Celui qui chercherait ce livre ne le trouverait pas.

4. Précédé de **aunque** ou de **aun cuando** aux sens de *même, quand même, quand bien même.*

Ex. : **Aunque estuviera aquí, no le hablaría**
Quand bien même il serait ici, je ne lui parlerais pas.
(D'après <u>Grammaire espagnole</u> de René Laloire).

→ **DEUX EXPRESSIONS AU SUBJONCTIF FUTUR**

Sea lo que fuere   *quoi qu'il en soit*
venga le que viniere   *quoi qu'il advienne.*

I. Formation

1. L'impératif positif

L'impératif positif se forme à partir de trois autres temps :
— la troisième personne de l'indicatif pour la deuxième de l'impératif ;
— le subjonctif présent pour les troisièmes du singulier et du pluriel ainsi que pour la première du pluriel ;
— l'infinitif − r + **d** pour la deuxième du pluriel.

Ex. : 2. **canta** 3. **cante** 4. **cantemos** 5. **cantad** 6. **canten.**

Bien entendu, toutes les irrégularités de l'indicatif et du subjonctif se retrouveront telles quelles à l'impératif : diphtongaisons, modifications orthographiques...

2. L'impératif négatif

Par contre, l'impératif négatif (ou la défense) se forme uniquement à partir du subjonctif présent.

Ex. : 2. **no cantes** 3. **no cante** 4. **no cantemos** 5. **no cantéis** 6. **no canten.**

Si l'on compare les deux tableaux, on se rendra compte que les difficultés tiennent surtout aux deuxièmes personnes, du singulier et du pluriel.

II. Enclise

1. Avec l'impératif positif

L'enclise se fait à toutes les formes de l'impératif positif. On procède à l'enclise aux cinq formes positives, donc même avec les formes venues du subjonctif présent.

Ex. : 2. **lávate** 3. **lávese** 4. **lavémonos** 5. **lavaos** 6. **lávense.**

On supprime le **-s** de la finale de la première personne du pluriel devant le pronom **nos** (lavémonos pour *lavémonosnos) de même que l'on supprime le **-d** de la deuxième personne du pluriel devant le pronom **os** (lavaos pour *lavados).

On sait que la première personne de l'impératif de **ir** est **vamos** et non *vayamos. On procédera comme on vient de le voir : **vámonos** (et non *vayamosnos) = *allons-nous en*. Exceptionnellement, le **-d** de **id** reste devant **os** : **idos** = *allez-vous en*.

On supprimera également le **-s** de la finale de la première personne du pluriel devant **los** : **lavémolos** pour *lavémoslos.

2. Avec l'impératif négatif

Par contre, on mettra le pronom devant l'impératif négatif à toutes les personnes.

Ex. : 2. **no te laves** 3. **no se lave** 4. **no nos lavemos**
      5. **no os lavéis** 6. **no se laven.**

On procédera de même avec l'impératif négatif ou positif si deux pronoms dépendent de l'impératif.

Ex. : **dígamelo** = *dites-le moi*
      no me lo diga = *ne me le dites pas.*

→ UNOS MODISMOS EN EL IMPERATIVO

Ne jette pas l'argent par les fenêtres !	**No tires el oro a manos llenas !**
Attention ! Prends garde !	**¡Ojo!**
Il ne faut pas dire : fontaine, je ne boirai pas de ton eau !	**No hay que decir de esa agua no beberé**
A table !	**¡A comer! ¡La comida!**
Bon appétit !	**¡Que aproveche! ¡Buen provecho!**
A d'autres !	**¡Cuéntaselo a tu abuela!**

> Tout infinitif espagnol peut être substantivé. Précédé
> de prépositions, il prend des valeurs très différentes.
> Il n'est jamais précédé de **de** lorsqu'il est sujet réel.

1. Infinitif substantivé

Le français recourt peu à l'infinitif substantivé qui
n'existe que dans quelques mots «figés» comme *le
boire, le goûter*. A l'inverse, l'espagnol peut substantiver
tout infinitif qui prendra, dès lors, une valeur beaucoup
plus concrète que celle du substantif correspondant.

Ex. : **el vivir** = *le fait de vivre,* beaucoup plus concret que
la vida =*la vie.*

Par ailleurs, on peut le faire précéder de l'article indéfini
(*en un clin d'œil* = **en un abrir y cerrar de ojos**). Il peut
être accompagné d'un adjectif possessif (*ta façon de
courir* = **tu correr**), d'un adverbe (*le fait de se lever tard*
= **el levantarse tarde**) et même d'un complément (*le fait
d'étudier avec attention* = **el estudiar con atención**).

Il peut en outre exercer les fonctions sujet, attribut,
complément du nom, complément d'adjectif ou de
verbe mais ne s'emploie qu'au masculin singulier.

2. Précédé de la préposition a

Il exprime un ordre à la première personne du pluriel et
correspond donc à cette personne de l'impératif. On
sous-entend l'impératif **vamos**.

Ex. : *mangeons !* = **¡a comer!** mis pour **vamos a comer.**

Il peut aussi, précédé de **a**, équivaloir à une proposition
hypothétique, surtout si la tournure est négative.

Ex. : *si j'avais su, je ne l'aurais pas fait*
a saber eso, no le hubiera hecho.

3. Précédé de la préposition al

Il équivaut au gérondif.

Ex. : *en rentrant à la maison* = **al volver a casa.**

Il faut toutefois nuancer cette équivalence. **Al** + infinitif indique un moment précis et, en outre, annonce une action qui en engendre une autre. Le gérondif, quant à lui, suppose deux actions parallèles qui coexistent et qui durent.

Comparez : *il disait, en parlant de lui, qu'il était un paresseux*
decía, hablando de él, que era un holgazán.

A : *en rentrant chez lui, il surprit sa femme* = **al volver a casa sorprendió a su mujer.**

Si cet infinitif a un complément déterminatif français, ce complément ne sera pas précédé de **de** parce qu'il devient le sujet de l'infinitif.

Ex. : *au départ du roi > en partant, le roi >* **al salir el rey.**

4. Précédé de a medio

Indique qu'une action n'est qu'à moitié faite.

Ex. : *des portes entrouvertes* = **puertas a medio cerrar**
un immeuble inachevé = **un inmueble a medio construir.**

5. Précédé de la préposition con

Equivaut :

a) à une subordonnée d'opposition, cfr. **aunque** +indicatif (v. chapitre 86).

Ex. : *quoiqu'il soit instituteur, c'est un imbécile*
con ser maestro, es un idiota.

b) à l'expression *il suffit de* + infinitif que la langue contemporaine renforce en **con sólo** ou en **con**.

Ex. : *pour voir cela, il suffit de prendre cette rue*
con (sólo) tomar esa calle, verá Usted eso.

6. Précédé de la préposition de

Comme précédé de **a**, il équivaut à une hypothétique, surtout si la tournure est positive.

Ex. : *si tu le fais, tu gagneras de l'argent*
de hacerlo, ganarás dinero.

C'est aussi cette préposition qui est employée lorsque l'infinitif est complément du nom.

Ex. : *une machine à écrire* = **une máquina de escribir.**

7. Précédé de la préposition por

a) il prend une valeur causale.

Ex. : *il a été puni pour être arrivé en retard*
fue castigado por llegar tarde.

b) il indique une action qui reste à accomplir

Ex. : *il me reste beaucoup de choses à apprendre*
me quedan muchas cosas por aprender.

On pourrait employer **que** dans ce cas puisque *à* + infinitif se rend de cette façon. Mais cette dernière tournure marque plus d'obligation que **por** suivi d'un infinitif.

Ex. : *j'ai beaucoup de choses à apprendre* = ± *je dois*
tengo muchas cosas que aprender.

8. Précédé de sin

Marque qu'une action n'a pas été exécutée.

Ex. : *il y a trop de livres non lus*
quedan demasiados libros sin leer.

9. Précédé de la préposition *après*

On sait qu'*après* se traduit par la locution prépositive **después de**. *Après* est presque toujours suivi d'un infinitif passé français qui sera toujours rendu par un infinitif présent espagnol en raison du peu de goût des Espagnols pour les temps composés à l'aide de l'auxiliaire **haber**.

Ex. : *il s'en alla après avoir mangé*
   se fue después de comer.

10. Infinitif sujet réel

N'est jamais précédé de **de** puisqu'il est sujet.

Ex. : *il faut lire beaucoup* = **es necesario leer mucho.**

> *Peut-être* se traduit de plusieurs façons en espagnol.
> Placé devant le verbe, on peut mettre celui-ci au subjonctif. Placé derrière, le verbe reste à l'indicatif.

1. Traductions

Hormis la traduction littérale **puede ser**, l'espagnol traduit encore *peut-être* par **tal vez, quizás, quizá** ou **acaso**.

2. Mode

Si ces termes se trouvent derrière la forme verbale, celle-ci se mettra au même mode qu'en français.

Ex. : *J'irai peut-être en Espagne cette année*
Iré, quizás, a España este año

Mais s'ils précèdent le verbe, celui-ci peut se mettre au subjonctif, (au futur ou au conditionnel) pour renforcer l'idée de doute, comme si le verbe dépendait de **puede ser que**.

Ex. : *J'irai peut-être en Espagne cette année*
Tal vez vaya a España este año

Quizás no podría aprender su lección
Il se peut qu'il n'ait pas pu apprendre sa leçon

Coste et Redondo (p. 438) citent un exemple très intéressant où l'on trouve, dans une même phrase de J. Fernandez Santos, tantôt le subjonctif imparfait, tantôt l'indicatif imparfait.

Ex. : **Quizá todo continuara hasta las cumbres; quizá los talles rojos, la jara, la maleza... se prolongaban al otro lado, no acababan nunca hasta Madrid.**

Notez que **puede ser que** est réduit à **puede que** dans la langue parlée. Ex. : **Puede (ser) que sea malo**
Il se peut qu'il soit méchant

Contrairement au français qui n'emploie que le subjonctif après *quoique*, l'espagnol emploie l'indicatif
ou le subjonctif après **aunque**.
Quoi que se traduit par **por más/mucho que**.

1. Indicatif espagnol

Ce sera le cas le plus fréquent, car le fait énoncé après
aunque est, la plupart du temps, un fait <u>réel</u> qui impose
l'emploi de l'indicatif en espagnol.

Ex. : *il est avare quoiqu'il soit riche*
es avaro aunque <u>es</u> rico

Il <u>est</u> riche, le fait n'est pas douteux.

2. Subjonctif espagnol

On emploiera toutefois le subjonctif, en espagnol, si la
proposition concessive est présentée comme une suppo-
sition, qui se met toujours au subjonctif.

Ex. : *il semblait beau, quoiqu'il ait quelques défauts*
parecía hermoso, aunque <u>tuviera</u> algunos defectos

Dans ce cas, *quoique* équivaut à *même si* ou par *alors
(même) que*.

Le subjonctif espagnol sera évidemment obligatoire
après **si bien** qui signifie *même si*.

3. *Quoi que*

Il ne faut pas confondre *quoique* (équivalent à *bien que*) avec *quoi que* qui signifie ± *quelque chose que* et qui se traduira par **por más que** ou par **por mucho que**.

Ex. : *Quoi que vous fassiez* = **por más/mucho que haga**

En espagnol, le subjonctif est admis dans ce cas quoique l'indicatif soit possible.

Tira el oro a manos llenas
Il jette l'argent par les fenêtres

Piège 83

FUTUR DANS LES PROPOSITIONS DE TEMPS

> L'espagnol rend le futur français par le subjonctif présent dans les propositions temporelles sauf si elles sont des interrogatives directes ou indirectes.

Les propositions temporelles au futur français sont rendues par des propositions temporelles au subjonctif en espagnol.

Ex. : *ils arriveront quand il sera cinq heures*
llegarán cuando sean las cinco

Cet usage a lieu non seulement avec **cuando** mais avec **en cuanto** = *dès que*, **conforme** = *à mesure que*, **tan pronto como** = *aussitôt que*, ...

Cet emploi du subjonctif ne peut s'expliquer que par le côté « hypothétique » du futur. Notons d'ailleurs que le français emploie aussi le subjonctif dans des temporelles si le verbe de la subordonnée marque une action postérieure à celui de la principale.

Ex.; *Je travaillerai avant que tu n'arrives.*

Toutefois, si la proposition introduite par une conjonction de temps est une interrogative, directe ou indirecte, l'espagnol emploie le futur, tout comme en français.

Ex. : — *Quand viendra-t-il?*
   ¿ Cuándo vendrá?
   — *Je ne sais quand il viendra*
   No sé cuándo vendrá

Les Espagnols traitent, en effet, de la même façon les interrogations directes ou indirectes, ce qui explique l'accent sur le **á** de **cuándo** dans l'interrogation indirecte.

Pour les mêmes raisons, l'espagnol peut mettre au subjonctif passé les propositions temporelles françaises qui se trouvent au futur antérieur.

Ex. : **iremos a verlos cuando hayamos terminado**
nous irons les voir quand nous aurons terminé

Mais cette tournure sera peu fréquente étant donné le peu de goût des Espagnols pour les temps composés à l'aide de **haber**.

LE FUTUR
ET LE CONDITIONNEL
DE CONJECTURE

La conjecture peut s'indiquer par le futur ou par le conditionnel en plus du verbe **deber de**

1. Futur de conjecture

Le futur peut traduire *devoir* à sens conjectural, de même que *pouvoir* ou *sans doute* en atténuant ce que le présent a de trop réel.

a) Le futur simple s'emploie pour les faits envisagés au présent.

Ex. : *cette ville est sans doute (doit être) la plus belle*
   esa ciudad será la más bella

b) Le futur antérieur envisage des faits du passé.

Ex. : *il aura raté son train* = **habrá perdido su tren**

2. Conditionnel de conjecture

De même, le conditionnel présent ou passé peuvent marquer la conjecture.

Ex. : *vous deviez l'avoir averti pour qu'il vienne*
   lo habríais advertido para que viniera

3. Deber de

La conjecture s'exprime aussi à l'aide de **deber de**. Voir chapitre 52.

> Les formes du participe présent existent en espagnol mais ces mots n'ont presque jamais la valeur de participes présents. On le rend par gérondif ou proposition relative.

1. Formation

Le participe présent se forme en ajoutant **-ante** au radical des verbes de la première conjugaison, **-(i)ente** aux autres.

2. Valeurs

Les formes du participe présent ne sont pratiquement jamais employées comme telles. Elles correspondent à des substantifs comme **estudiante** (*un étudiant*) ou à des adjectifs comme **exigente** (*exigeant*). Certaines de ces formes peuvent être prises comme verbes et avoir des compléments. Tel est le cas de **perteneciente** (*appartenant*).

Employés comme substantifs, ils gardent la terminaison **-e** pour les deux genres et prennent la marque du pluriel. Il en va de même s'ils sont employés comme adjectifs.

3. Substitutions

On rendra dès lors le participe présent soit

a) par le gérondif si le sujet du verbe conjugué et celui du participe présent sont les mêmes.

Ex. : *étudiant la grammaire j'ai compris que...*
       estudiando la gramática he comprendido que...

J'étudie la grammaire et je comprends. Il s'agit d'un vrai gérondif devant lequel le français n'a pas mis *en*.

b) par une proposition relative dans le cas inverse, c'est-à-dire si le sujet du verbe conjugué et celui du participe présent représentent deux personnes distinctes.

Ex. : *j'ai vu un homme courant dans la rue*
he visto a un hombre que corría por la calle

J'ai vu cet homme mais c'est lui qui court.

> L'espagnol respecte beaucoup plus que le français
> la distinction entre passé simple et passé composé.

1. Passé simple

Il n'a pas disparu du français mais n'est pratiquement plus employé aux 1re et 2e personnes du pluriel.

Ces deux temps sont toujours bien vivants en espagnol. Le passé simple s'emploie chaque fois qu'il s'agit d'une action ponctuelle, qui n'a plus de contact avec le présent.

Ex. : *les Arabes envahirent l'Espagne en 711*
los Árabes invadieron España en 711

L'invasion est terminée depuis 1492 !

On l'emploie encore lorsque le contexte est à l'imparfait ou à un autre temps du passé et lorsque l'action est lointaine dans l'esprit.

Ex. : *il pleuvait quand il est arrivé* =
llovía cuando llegó
je suis allé à la plage l'année passée =
estuve en la playa el año pasado

2. Passé composé

A l'inverse, le français use et abuse du passé composé que l'espagnol n'aime pas parce qu'il n'aime pas les temps du passé formés avec l'auxiliaire **haber.** On utilise le passé composé dans le cas inverse du passé simple : si l'action a encore des répercussions sur le présent ou est encore proche dans l'esprit.

Ex. : *Ils ont bien travaillé* = **han trabajado bien**
je suis allé à la plage <u>*ce week-end*</u> =
he estado en la playa <u>**este fin de semana**</u>

On l'emploie encore lorsque le contexte est au présent de l'indicatif.

Ex. : *je suis triste parce que je ne l'ai pas vu*
estoy triste porque no lo he visto

ADJECTIFS-ADVERBES

> Le français considère *beaucoup peu, trop* et *tant* seulement comme des adverbes alors que l'espagnol traite **mucho, poco, demasiado** et **tanto + cuanto** tantôt comme adjectifs variables, tantôt comme adverbes invariables.

1. Mucho, poco, demasiado, cuanto et tanto adjectifs

Lorsque ces mots modifient un nom, ils sont considérés comme des adjectifs par les Espagnols et s'accordent en genre et en nombre avec les substantifs auxquels ils se rapportent.

Ex. : *j'ai bu trop de verres de Xérès*
    bebí demasiadas copas de Jerez

On notera que la préposition *de* ne se traduit jamais avec ces adjectifs.

2. Mucho, poco, cuanto, demasiado et tanto adverbes

a) modifient un verbe

Ex. : *j'ai trop bu* = **bebí demasiado**

b) modifient un adjectif

Ex. : *elle était trop belle* = **era demasiado hermosa**

c) modifient un autre adverbe

Ex. : *nous travaillons trop lentement*
    trabajamos demasiado lentamente

Tanto et **cuanto** apocopent en **tan** et en **cuan** devant un adverbe, un participe passé ou un adjectif (sauf devant les comparatifs synthétiques **peor, mayor, mejor** et **menor**).

Ex. : — il était si grand qu'il ne passait pas par la porte
    era tan grande que no pasaba por la puerta

> La plupart des noms de pays ou de régions ne prennent l'article défini que lorsqu'ils sont suivis d'un complément déterminatif ou accompagnés d'un adjectif.

Contrairement au français, l'espagnol n'utilise pas l'article défini devant les noms de pays ou de régions.

Ex. : *L'Espagne est le pays que nous préférons*
España es el país que preferimos

On devra cependant employer l'article défini si le nom de pays ou de région est accompagné d'un complément déterminatif.

Ex. : *Le Greco a vécu dans l'Espagne de Philippe II*
El Greco vivió en la España de Felipe II

Il en ira de même si le nom de pays ou de région est employé avec un adjectif qualificatif.

Ex. : *La verte Angleterre*
La verde Inglaterra

Dès lors, les noms de pays ou de régions formés à l'aide d'un nom et d'un adjectif sont toujours précédés d'un article défini.

Ex. : *La Franche-Comté* = **El Franco-Contado**
Les Pays-Bas = **Los Países Bajos**

Los Ángeles	*Los Angeles*
El Atica	*L'Attique*
Los Balkanes	*Les Balkans*
El Cabo	*Le Cap*
El Cairo	*Le Caire*
La Calabria	*La Calabre*
El Canadá	*Le Canada*
La Carolina	*La Caroline*
El Colorado	*Le Colorado*
El Congo	*Le Congo*
La Coruña	*La Corogne*
El Ecuador	*L'Equateur*
El Ferrol	*El Ferrol*
La Guadalupe	*La Guadeloupe*
La Habana	*La Havane*
El Havre	*Le Havre*
La India	*L'Inde*
El Japón	*Le Japon*
La Malasia	*La Malaisie*
La Meca	*La Mecque*
El Milanesado	*Le Milanais*
El Paraguay	*Le Paraguay*
La Patagonia	*La Patagonie*
La Paz	*La Paz*
El Peloponeso	*Le Péloponèse*
El Perú	*Le Pérou*
El Piamonte	*Le Piémont*
El Rosellón	*Le Roussillon*
El Uruguay	*L'Uruguay*
La Virginia	*La Virginie*

La tendance va vers une disparition de ces articles. On pré-
fére aujourd'hui **Africa** à **el Africa.** Il en va de même pour les
mots suivants, autrefois précédés de l'article défini :

**Antillas, Arabia, Argentina, Asia, Baleares, Brabante, Brasil, Ca-
narias, China, Filipinas, Florida, Laponia, Libia, Luxemburgo,
Martinica, Oceania, Persia, Salvador, Siberia,...**

L'ancienne langue postposait l'adjectif qui qualifiait les régions, pays... Il en reste **Castilla la Vieja, Castilla la Nueva** *(la
vieille Castille, la nouvelle Castille).* Cette tournure reste possible dans la langue poétique.

L'article défini n'est pas exprimé en espagnol devant certains substantifs, le superlatif relatif post-
posé, devant des compléments servant à caractériser ainsi que dans quantité d'expressions idiomatiques.

1. Forme

Pour la forme de **el** et de **la** on lira le chapitre 20
« Apocope des articles ».

2. Suppressions

a) devant certains substantifs

— On lira les chapitres 92 (emplois de l'article défini
avec les noms de pays) et 63 (traductions de *Monsieur
le*).

— On supprime l'article défini entre les verbes de
mouvement ou des verbes de situation (comme **estar,
instalarse, ponerse**) et les noms **casa** *(maison)*, **caza**
(chasse), **clase** *(classe, cours)*, **misa** *(messe)*, **palacio
real** *(palais royal)*, **paseo** *(promenade)*, **pesca** *(pêche)*
et **presidio** *(bagne)* sauf si ces mots sont accompagnés
d'un complément déterminatif.

Ex. : *nous irons à la messe* = **iremos a misa**
      mais *nous irons à la messe de dix heures*
      iremos à la misa de las diez

— Devant des noms de fêtes employés comme compléments circonstanciels de temps.

Ex. : *Nous reviendrons pour la Noël/la nuit de Noël*
Volveremos en Navidad/en Nochebuena
Mais *la Noël* = **la Navidad**
la nuit de Noël = **la Nochebuena**

— Devant des noms de matières d'études employés après les verbes qui signifient *étudier* ou *enseigner* **(aprender, cursar, enseñar, entender de, estudiar, saber).**

Ex. : *je n'ai jamais étudié le latin*
jamás estudié latín

— Entre les verbes **tener, dar, hacer** et **pedir** (ou leurs synonymes) et les noms **ánimo** *(courage)*, **derecho** *(droit)*, **fuerza** *(force)*, **ocasión** *(occasion)*, **paciencia** *(patience)*, **permiso** *(permission)*, **tiempo** *(temps)*, **valor** *(force)*.

Ex. : *je n'ai pas la patience de l'apprendre*
no tengo paciencia para aprenderlo

On notera que, dans toutes ces expressions, le français utilise la préposition *de* alors que l'espagnol emploie **para** puisqu'il s'agit d'un but à atteindre (voir chapitre 66).

On notera aussi que **dar tiempo** signifie *avoir le temps*.

b) devant **más** et **menos** si le substantif est précédé d'un article défini, d'un adjectif possessif ou du relatif **cuyo.**

Ex. : *l'élève le plus intelligent de la classe*
el alumno más inteligente de la clase

La traduction incorrecte ***el alumno el más inteligente** est une des fautes les plus communes des francophones. L'omission du deuxième article s'explique fort bien par la mobilité des mots espagnols. En effet, **el alumno más inteligente** équivaut à ***el más inteligente alumno.**

> L'article indéfini **un, una** n'apparaît pas, en espa-
> gnol, devant certains adjectifs comme **otro, medio**...
> Il ne se traduit pas non plus au pluriel.

1. Forme

Pour la forme de **un** et de **una** on lira le chapitre 20
« Apocope des articles ».

2. Traduction

a) au singulier

— devant certains adjectifs

On ne traduit pas l'article indéfini **un, una** devant un
certain nombre d'adjectifs tels **cierto** (*certain*), **cual-
quier(a)** (*quelconque*), **distinto** (*différent*), **doble** (*double*), **igual** (*égal*), **medio** (*demi*), **otro** (*autre*), **semejante**
(*semblable*), **tal** (*tel[le]*), **tan(to)** (*aussi, si, tant de, tel[le]*).

Ex. : *J'ai mangé une demi-orange*
    Comí media naranja

Il en ira de même si deux de ces adjectifs se trouvent
devant le substantif.

Ex. : *je le ferai un (quelconque) autre jour*
    lo haré cualquier otro día

Il s'agit uniquement de l'article indéfini. On dira donc,
par exemple, *j'ai beaucoup aimé le demi-poulet que j'ai
mangé* = **me gustó mucho el medio pollo que comí**

Si ces adjectifs indéfinis se trouvent placés après le
substantif, on traduit l'article indéfini sauf s'il s'agit de
tamaño et de **doble**.

Ex. : *il aime vivre dans un tel quartier ?*
    ¿le gusta vivir en tal barrio?
    mais : **¿le gusta vivir en un barrio tal?** (rare)

Certains de ces adjectifs changent de sens en changeant de place. C'est surtout le cas de **cierto,** indéfini devant le nom, qui prend le sens de *certain (sûr)* derrière celui-ci

Ex. : *une certaine chose* = **cierta cosa**
 une chose certaine, sûre = **una cosa cierta**

On n'utilisera pas l'article indéfini, avec **igual, semejante** et **distinto,** même postposés au nom, si la phrase est négative ou interrogative.

Ex. : *Je n'ai jamais vu un repas pareil*
 Jamás vi comida semejante

Medio ne prendra pas d'article défini, même derrière le nom, quand il se présente sous la forme **y medio, y media.** Il en va de même en français.

Ex. : *je l'ai attendu une heure et demie*
 lo esperé una hora y media

— devant des substantifs qui expriment des quantités s'ils sont accompagnés d'un complément déterminatif.

Il s'agit notamment des noms **cantidad** *(quantité),* **infinidad** *(infinité),* **multitud** *(multitude),* **número** *(nombre),* **parte** *(part)* et **porción** *(portion).*

Ex. : *un grand nombre de bourgeois accouraient pour le voir*
 gran número de burgueses acudían a verlo

On procédera de même avec quelques adjectifs (**escaso, excesivo, sobrante, suficiente**) qui marquent, eux aussi, la quantité. Ceux-ci ne doivent pas avoir de complément de l'adjectif pour que l'omission de l'article indéfini se produise.

Ex. : *il avait une richesse suffisante*
 tenía suficiente riqueza

— devant les comparatifs **mayor** *(plus grand),* **mejor** *(meilleur),* **menor** *(plus petit)* et **peor** *(pire, plus mauvais).*

Ex. : *Je n'ai jamais vu une plus mauvaise route*
no vi nunca peor carretera

— dans certaines expressions toutes faites marquant la manière.

Ex. : *avec joie* = **con alegría**

Il en va de même en français mais si l'on ajoute un adjectif en français, l'expression reprend l'article indéfini, ce que ne fait pas l'espagnol.

Ex. : *avec une grande joie* = **con gran alegría**

b) <u>au pluriel</u>

On ne traduit pas non plus l'article indéfini au pluriel :

Ex. : *il lisait des romans pendant ses vacances*
leía novelas durante sus vacaciones

Pour les valeurs de **unos** et de **unas** on lira le chapitre 70 sur la traduction de « *Quelques* ».

→ UNOS MODISMOS SIN ARTÍCULOS INDEFINIDOS

avec un calme surprenant	**con sorprendente calma**
avec une lenteur calculée	**con calculada lentitud**
avec une énergie indomptable	**con indomable energía**
avec une profonde dévotion	**con profunda devoción**
avec un soin particulier	**con particular cuidado**
c'est une chose à voir	**es cosa de ver**
c'est une œuvre de	**es obra de**
c'est une tout autre affaire	**esto es harina de otro costal**
c'est un motif pour	**es motivo para**
donner une idée de quelque chose	**dar idea de algo**
d'une contenance de x litres	**con cabida de x litros**
d'une voix enrouée	**con voz ronca**
d'un pas lent	**con paso lento**
d'un ton bienveillant	**con tono afable**
d'un ton narquois	**con tono socarrón**

LES COMPLÉMENTS DIRECTS DE PERSONNE

> Les compléments directs de personnes déterminées doivent être précédés de la préposition **a** en espagnol.

Il n'est guère aisé de savoir pourquoi l'espagnol ajoute la préposition **a** devant un C.O.D. de personne. On peut tenter de l'expliquer par le français qui dit *administrer un moribond* mais aussi *administrer les derniers sacrements à un moribond*.

Quoi qu'il en soit, on pourrait exprimer la règle d'une autre manière, puisqu'elle vaut non seulement pour des êtres mais des animaux, des villes ou même des choses.

La préposition **a** doit se trouver devant un C.O.D. pour autant qu'il soit suffisamment <u>animé</u> et <u>particularisé</u>.

Si l'« animation » peut être subjective, la particularisation se rend par un nom propre ou par un nom commun précédé d'article défini, adjectif numéral, possessif ou démonstratif.

I. On ajoute A

1. <u>Animaux personnifiés</u>

On devra donc mettre **a** devant les C.O.D. d'animaux personnifiés.

Ce sera le cas pour les animaux « humanisés » des fables.

Ex.: *l'Ane regarda le Lion* = **el Burro miró al León**

Il en ira de même pour les animaux connus par un nom propre.

Ex. : *j'appelle Mistigri, mon chat*
llamo a Mistigri, mi gato

On ira même jusqu'à mettre **a** devant **gato, perro** ou autres animaux familiers.

Ex. : *il aime son chien* = **quiere a su perro**

Ce sera aussi le cas pour le taureau de combat (**toro, bicho, fiera**), dans l'arène. En effet, adversaire de l'homme, il devient son « égal ».

Ex. : *le toréro tua le taureau* = **el torero mató al toro**

2. Noms d'écrivains employés pour désigner leur œuvre

Ex. : *Je n'ai pas lu Cervantès* =
no he leído a Cervantes

Quoiqu'il ne s'agisse pas de Cervantès en personne, on considère qu'il est suffisamment « animé » et caractérisé.

3. Devant pronoms ou mots collectifs

La préposition **a** se mettra aussi devant les pronoms **quien, cual, alguien, nadie** malgré leur caractère indéfini. On mettra aussi **a** devant des termes collectifs comme **la gente, todo el mundo, todos, muchos, cantidad de gente.**

Ex. : *je ne vois personne* = **no veo a nadie**

Mais *je ne vois rien* = **no veo nada**

4. Villes, pays...

On emploie aussi **a** devant les noms de villes, de pays s'ils ne sont pas précédés de l'article défini (voir chapitre 92). Notons toutefois que cet usage tend à disparaître dans la langue actuelle.

Ex. : *j'aime l'Espagne* = **quiero a España**

On peut évidemment aussi traduire cette phrase par **me gusta España** où la préposition **a** ne doit pas se traduire puisque cette phrase signifie littéralement *L'Espagne me plaît.*

Mais *je visite le Japon* = **visito el Japón**

5. Noms de choses

On emploiera **a** devant des noms de choses si le verbe appelle logiquement un nom de personne.

Ex. : *bénir le téléphone pour ses avantages*
    bendecir al teléfono por sus ventajas

On ajoutera aussi **a** devant les mots pris au sens allégorique, surtout dans les fables.

Ex. : *craindre la Mort* = **temer a la Muerte**

II. On n'ajoute pas A

1. Le C.O.D. n'est pas « animé »

Ce sera le cas si le verbe signifie *faire naître,* donner le jour (**tener, parir, dar a luz, malparir** et **echar al mundo**).

Ex. : *elle avait eu un enfant de Michel*
    había tenido un hijo con Miguel

L'enfant, précédé de l'article indéfini, n'a pas encore assez de vie « animée » pour « mériter » la préposition **a**.

Il en va de même si **tener** se trouve devant un nom de parent.

Ex. : *il avait un cousin à Madrid* =
    tenía un primo en Madrid

Si **hijo** ou un nom de parent sont précédés d'un adjectif possessif, ils acquièrent assez de « personnalité » pour « mériter » la préposition **a**.

Ex. : *elle a eu son fils chez elle* = **tuvo a su hijo en casa**
    il avait son cousin ici = **tenía a su primo aquí**

2. Le C.O.D. n'est pas déterminé

La particularisation est insuffisante si le C.O.D. de personne n'est pas précédé d'article ou est précédé de l'article indéfini, d'un numéral ou d'un adjectif indéfini ou s'il s'agit des pronoms **otro, uno** et dérivés.

Ex. : *je connais des hommes intelligents*
   conozco hombres inteligentes

Verbes auxquels la préposition a donne un aspect plus actif :

VERBE	SANS A	AVEC A
dejar	*laisser*	*quitter*
perder	*perdre*	*causer la perte, perdre (au sens de mourir)*

Il en ira de même pour les verbes de sens voisins de *posséder* ou de *perdre, d'acquérir, désirer, offrir...*

Ex. : *il perd des amis* = **pierde amigos**
   j'ai perdu mon père = **perdí a mi padre**

3. Le C.O.D. est suivi d'un C.O.I. ou d'un complément circonstanciel introduit par a

On devra supprimer la préposition **a** si sa présence amène une confusion avec un C.O.I. ou avec un complément circonstanciel introduit par **a**.

Ex. : *je préfère Pierre à José* = **prefiero Pedro a José**

Mais on écrit **prefiero a Pedro** puisqu'il n'y a pas d'équivoque possible.

On maintient le **a** si le C.O.D. est un nom propre de personne mais on peut le supprimer s'il s'agit d'un nom commun.

Ex. : *j'envoie Pierre au marché* =
   mando a Pedro al mercado
   j'envoie mon fils chez moi = **mando (a) mi hajo a casa**

4. Le groupe C.O.D. commence par un a

Ex. : *je vois cet homme* = **veo aquel hombre**

On maintient la préposition **a** si le C.O.D. est **alguien** ou si le C.O.D. est un nom propre de personne commençant par **A**.

Ex. : *il regarde quelqu'un* = **mira a alguien**
     il regarde Antoine = **mira a Antonio**

5. Le C.O.D. désigne une personne

Ex. : *il me présente son cousin* = **me presenta su primo**

Parce que **me presenta a su primo** signifie *il me présente à son cousin !*

Si le C.O.I. est un nom au lieu d'être un pronom (comme dans l'exemple ci-dessus), on évitera la préposition **a** devant le C.O.D.

Ex. : *il présenta son cousin à son ami*
     presentó su primo a su amigo

Qui comprendrait la phrase **presentó a su primo a su amigo ?**

6. Le C.O.D. commence par un adjectif numéral cardinal

Ex. : *je vois deux personnes* = **veo dos personas**

Mais l'usage est hésitant avec les verbes qui marquent une perception ou une action physique si le C.O.D. commence par **uno** (et ses dérivés **alguno, ninguno**) qui peut être considéré comme adjectif numéral ou comme article.

Ex. : *tuer un soldat* = **matar (a) un soldado**

7. Devant un pronom personnel C.O.D.

Ex. : *je t'aime* = **te quiero**

8. Devant le pronom relatif que

Ex. : *l'homme que je vois* = **el hombre que veo**

9. Devant le complément d'haber *(y avoir)*

Ex. : *il y avait un homme là* = **había un hombre allí**

Verbes qui changent de sens si le C.O.D. est précédé de **a**

Verbe	Sens sans A	Sens avec A
buscar	*chercher*	*poursuivre*
confesar	*avouer*	*entendre à confesse*
dejar	*laisser*	*abandonner*
enseñar	*montrer*	*enseigner, apprendre*
examinar	*examiner*	*faire passer un examen*
mandar	*envoyer*	*commander*
pegar	*coller*	*battre*
perder	*perdre*	*causer la perte*
prender	*fixer (une chose)*	*arrêter*
querer	*vouloir*	*aimer*
robar	*dépouiller*	*voler*
sorprender	*surprendre (qc)*	*étonner (quelqu'un)*
tratar	*traiter (affaires)*	*fréquenter, traiter (qq.)*

Ex. : *Ils lui volèrent une montre* = **le robaron un reloj**
    ils dépouillèrent Paco = **robaron a Paco**

Mais si ces verbes sont employés devant des noms d'êtres au même sens qu'ils ont devant des noms de choses, on n'emploie pas **a** devant le nom de la personne.

Ex. : *ils enlevèrent le petit garçon* = **robaron el niño**

DOUBLE CONSTRUCTION
DES PRONOMS

Les pronoms personnels compléments peuvent se
placer après l'infinitif ou devant les verbes **ir, querer,
poder.**
On peut procéder de même avec la forme progressive.

Le pronom personnel complément d'un verbe à l'infinitif se place normalement derrière celui-ci.
Ex. : *il croyait le voir*
        creía verlo

Mais si ces infinitifs sont précédés de verbes (surtout **ir,
querer** ou **poder**), on peut placer le pronom derrière
l'infinitif ou devant les verbes **ir, querer** ou **poder.** L'an-
téposition semble l'emporter dans l'espagnol contemporain.

Ex. : *nous pouvons le dire*
        podemos decirlo ou **lo podemos decir**

        nous voulons les rencontrer
        queremos encontrarlos ou **los queremos encontrar**

        tu pourrais me le prendre
        podrías cogérmelo ou **me lo podrías coger**

Comme on l'aura remarqué à l'aide de ce dernier
exemple, il en va de même si deux pronoms dépendent
de l'infinitif.

Le pronom se trouvera toujours <u>devant</u> les verbes **hacer** ou **mandar** si l'infinitif qui les <u>suit</u> est intransitif ou
pronominal.

Ex. : *tu le feras venir à cinq heures*
        lo harás venir a las cinco et non * **harás venirlo a ...**

Dans ces cas, en effet, on ne peut pas considérer le pronom comme complément de l'infinitif.

On peut aussi utiliser les deux positions du pronom avec la forme (ou voix) progressive.

Ex.: *il est en train de te déranger*
está molestándote ou **te está molestando**

¡Ojo!
Attention!

Piège 83

> L'enclise se produit en espagnol avec l'infinitif, le gérondif et l'impératif positif.

L'enclise consiste à postposer un ou deux pronoms à une forme verbale et à le(s) souder à elle. Ceci existe, en français (avec trait d'union), aux formes de l'impératif.

On y procède, en espagnol, en plus de l'impératif positif, à l'infinitif et au gérondif.

L'enclise n'est pas toujours obligatoire. Chaque fois que les Espagnols d'aujourd'hui ont le choix, ils préfèrent les formes non enclitiques.

Contrairement au français, le pronom est soudé directement au verbe, sans trait d'union et, surtout, l'espagnol ne déplace pas l'accent tonique vers le pronom, ce qui entraînera l'apparition d'accents écrits sur presque toutes les formes enclitiques.

On n'oubliera pas que si deux pronoms de la troisième personne se succèdent, en enclise comme en proclise, le premier prend la forme **se** (voir Pronoms doubles, chapitre 100).

1. Avec l'impératif positif

L'enclise se fait à toutes les formes de l'impératif positif. On sait qu'en raison du vouvoiement, il existe cinq personnes à l'impératif, c'est-à-dire toutes sauf la première. On procède à l'enclise aux cinq formes positives, donc même avec les formes venues du subjonctif présent.

2. Avec l'impératif négatif

Par contre, on mettra le pronom devant l'impératif négatif à toutes les personnes.

Pour les cas particuliers, on lira le chapitre 83.

3. Avec le gérondif

On place derrière le gérondif le ou les pronoms qui en dépendent. Etant donné que le gérondif est toujours accentué sur l'avant-dernière syllabe, l'enclise entraînera toujours l'apparition d'un accent écrit.

Ex. : **diciéndome** (en me disant)
diciéndomelo (en me le disant)

A la forme progressive, on peut placer le ou les pronoms soit derrière le gérondif soit devant **estar** (voir Double construction des pronoms, chapitre précédent).

Ex. : je suis occupé à la manger
estoy comiéndola ou **la estoy comiendo**

4. Avec l'infinitif

Même remarque pour l'infinitif mais ici l'accent n'apparaît que s'il y a deux pronoms enclitiques.

Ex. : **decirme** (me dire), **decírmelo** (me le dire)

Si l'infinitif est précédé d'un verbe, ces pronoms pourront se placer devant lui (v. Double construction des pronoms).

Ex. : je vais te le dire
te lo voy a decir ou **voy a decírtelo**

L'enclise n'est pas possible si le verbe à l'infinitif suit le verbe faire car le pronom est complément de faire et non de l'infinitif.

Ex. : il la fit rire = **la hizo reír**

5. Avec l'indicatif et le conditionnel

L'enclise est possible avec d'autres modes. On peut, en principe, pratiquer l'enclise à toutes les formes de l'indicatif et du conditionnel à trois conditions : la forme verbale se trouve en tête de phrase; celle-ci est positive; il s'agit d'une indépendante.

Ex. : *On parcourt le pays*
   Recórrese el país (pour **se recorre...**)

On s'aperçoit que cette enclise peut entraîner des confusions (ici avec le subjonctif imparfait, qui se distingue par l'absence d'accent écrit). Hormis cet ennui, ces formes sont à déconseiller car très littéraires et utilisables par les seuls Espagnols sans risques d'erreurs.

> Les mots espagnols de sens négatif se placent der-
> rière le verbe précédé de **no** ou devant le verbe
> sans **no**.

Les mots espagnols de sens négatif comme les <u>indéfinis</u>
ninguno, nadie (*personne*), **nada** (*rien*), **ni uno ni otro**
(*ni l'un ni l'autre*) ou comme les <u>adverbes</u> **nunca, jamás**
(*jamais*), **tampoco** (*non plus*), **en mi vida, en mis días**
(*de ma vie*) **ni aun** (*pas même*) peuvent occuper deux
positions dans la phrase.

1. S'ils se trouvent derrière le verbe, celui-ci doit être
précédé de **no**.

Ex. : *La demoiselle ne mangeait rien*
      La señorita no comía nada

2. S'ils se trouvent devant le verbe, on supprime la
négation **no**.

Ex. : *Personne ne vint le voir*
      Nadie vino a verlo

On pourrait résumer cette règle comme le fait Bouzet
(p. 293) en disant qu'«il faut que dans la phrase négative il y ait une négation devant le verbe, mais jamais
deux».

La négation est supprimée dans les comparatives.

Ex. : *Il le disait mieux que personne*
      Lo decía mejor que nadie

Il ne sait même pas de quoi il est question : **No sabe de la misa la media.** *On ne peut être au four et au moulin :* **No se puede repicar y andar a la procesión. No se puede estar en misa y repicando.** *Tu n'as pas voix au chapitre :* **No tienes vela en este entierro.** *Il n'a pas inventé la poudre :* **No ha inventado la pólvora.** *Sans queue ni tête :* **Sin pies ni cabeza.** *Je n'ai pas envie de rire :* **No estoy para fiestas.** *Je n'oublierai pas :* **no echaré en saco roto.**

¡A comer! ¡La comida!
A table!

Piège **83**

> L'ordre des mots espagnols obéit aux mêmes rè-
> gles qu'en français mais avec beaucoup plus de
> liberté pour la mise en évidence.

1. Séquence progressive

En principe, les mots espagnols se disposent, comme
les mots français, suivant un ordre qui place les mots
les plus courts devant les mots les plus longs.

Ex. : **se marcha rápidamente**

2. Exceptions

Toutefois, et toujours comme en français, un grand
nombre d'adjectifs se placent derrière le substantif,
quelles que soient leurs longueurs respectives.

Il s'agit notamment des adjectifs de couleurs, de natio-
nalités...

Ex. : **un pañuelo rojo**

Certains adjectifs changent de sens en changeant de
place, souvent de la même façon dans les deux langues.
Songez à *un homme pauvre* et *un pauvre homme* = **un
hombre pobre** et **un pobre hombre.**

3. Mise en évidence

La mise en évidence est beaucoup plus simple en espagnol qu'en français. Il suffit, en principe, de mettre un
mot là où on ne l'attend pas pour qu'il soit mis en

évidence. Le français devra souvent recourir à des péri-phrases dans des cas semblables.

Ex. : **Allá lo espero** = *Je l'attends là* mais on pourrait aussi traduire par *C'est là que je l'attends*.

4. Effets de style

Les autres déplacements relèvent des effets de style et sortent du cadre d'une grammaire. Songez aux « rouges tabliers » de Victor Hugo !

> Lorsque deux pronoms compléments se suivent, ils
> le font toujours dans l'ordre C.O.I. + C.O.D., devant
> ou derrière la forme verbale.
> Les pronoms C.O.I. de la troisième personne devien-
> nent **se**.

L'ordre des pronoms compléments doubles varie très
fort en français selon les formes verbales. Songez à *Il me
le dit* (C.O.I. + C.O.D.) et à *dis-le moi* (C.O.D. +
C.O.I.).

En espagnol, l'ordre est immuable : C.O.I. + C.O.D.,
que les pronoms se trouvent placés devant (proclise) ou
derrière (enclise) la forme verbale.

Ex. : *il me le dit* =**me lo dice**
     dis-le moi = **dímelo**

La difficulté tient à la forme du pronom C.O.I. de la
troisième personne lorsqu'il précède un autre pronom
de la troisième personne. Les formes **le** ou **les** (C.O.I.)
deviennent alors, obligatoirement **se**.

Ex. : *il le lui dit* = **se lo dice**
     en le lui disant = **diciéndoselo**

Cette modification entraînera des ambiguïtés car, si
nous reprenons ces phrases, rien ne nous permet de faire
la différence entre *il le lui dit* et *il se le dit* voire même
avec *on le dit* !

Seul le contexte permettra de lever ces ambiguïtés.

INDEX GRAMMATICAL

Les termes en grasses correspondent à l'espagnol, les autres au français.

Les préfixes sont renseignés comme **A-**; les suffixes comme **c-**

Tous les termes (excepté les «faux amis») sont suivis du numéro du «piège» dans lequel ils sont étudiés.

BIBLIOGRAPHIE SÉLECTIVE

ALONSO, Martin : *Evolución sintáctica del español* (Madrid, Aguilar).

BOUZET, Jean : *Grammaire espagnole* (Paris, Belin).

COSTE, J. et REDONDO, A. : *Syntaxe de l'espagnol moderne* (Paris, Sedes).

CURVERS, Philippe et MARTINEZ-MÜLLER, S. Tx. : *La Grammaire facile de l'espagnol* (Alleur, Marabout).

DUPONT, Louis : *Les faux amis espagnols* (Genève, Droz et Paris, Minard).

KANY, Charles E. : *Semántica hispanoamericana* (Madrid, Aguilar).

LALOIRE, René : *Grammaire espagnole* (Gembloux, Duculot).

PANIS, A. : *Les mots perfides de l'espagnol* (Paris, Didier).

PEAN, F. Y. : *Les mots-pièges dans la version espagnole* (Paris, Roudil).

PONS, Isabelle : *Grammaire et thèmes d'espagnol* (Montreuil, Bréal).

POTTIER, Bernard : *Grammaire de l'espagnol* (Paris, P.U.F.).

REAL ACADEMIA ESPAÑOLA : *Diccionario de la lengua española* (Madrid, Espasa-Calpe).

Au catalogue Marabout

Langues

Dictionnaires

IMPRIMÉ EN FRANCE PAR BRODARD ET TAUPIN
1629G-5 - Usine de La Flèche (Sarthe), le 02-10-1992.

pour le compte des
Nouvelles Editions Marabout
D.L. octobre 1992/0099/288
ISBN 2-501-01760-9